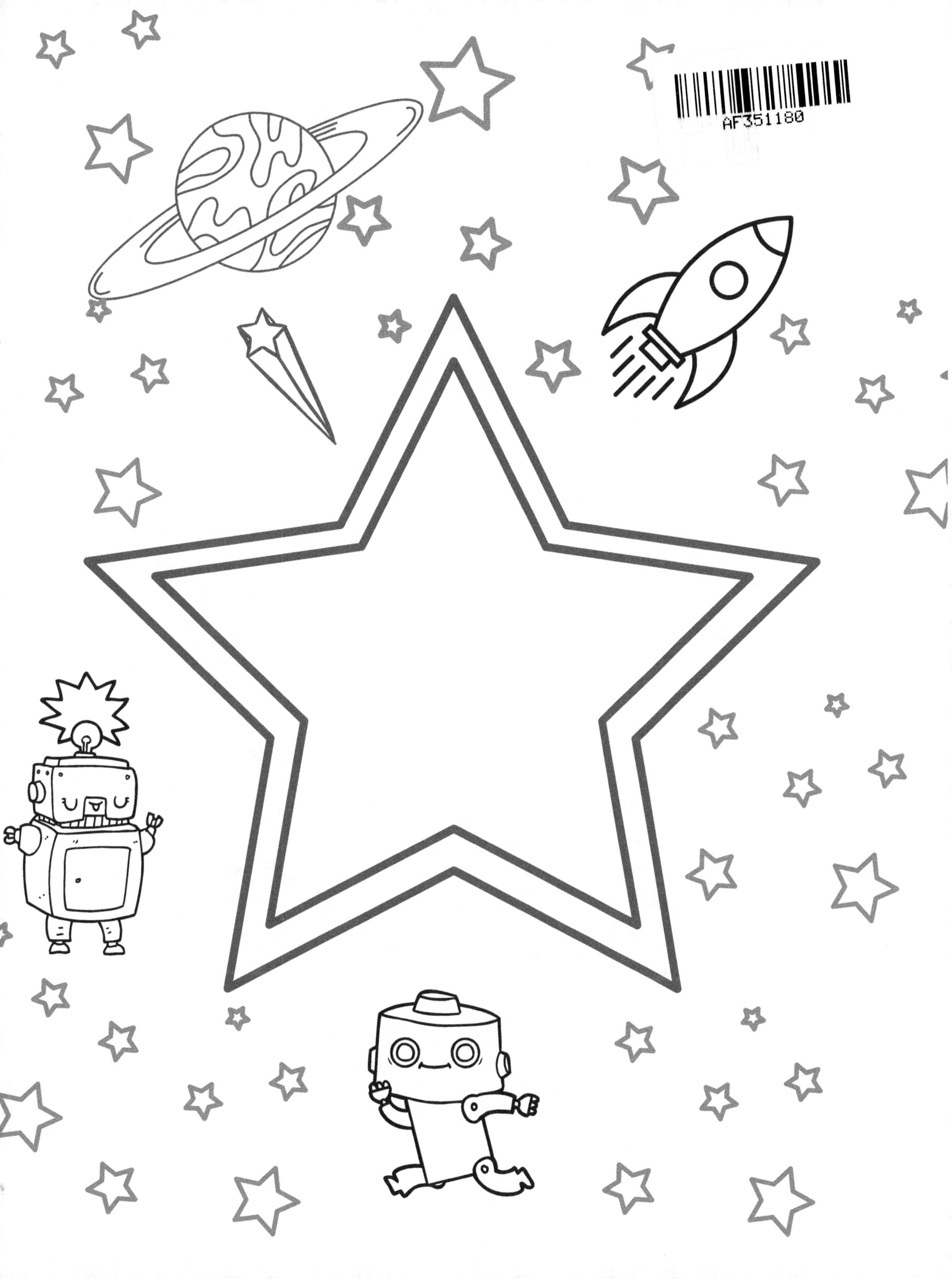
AF351180

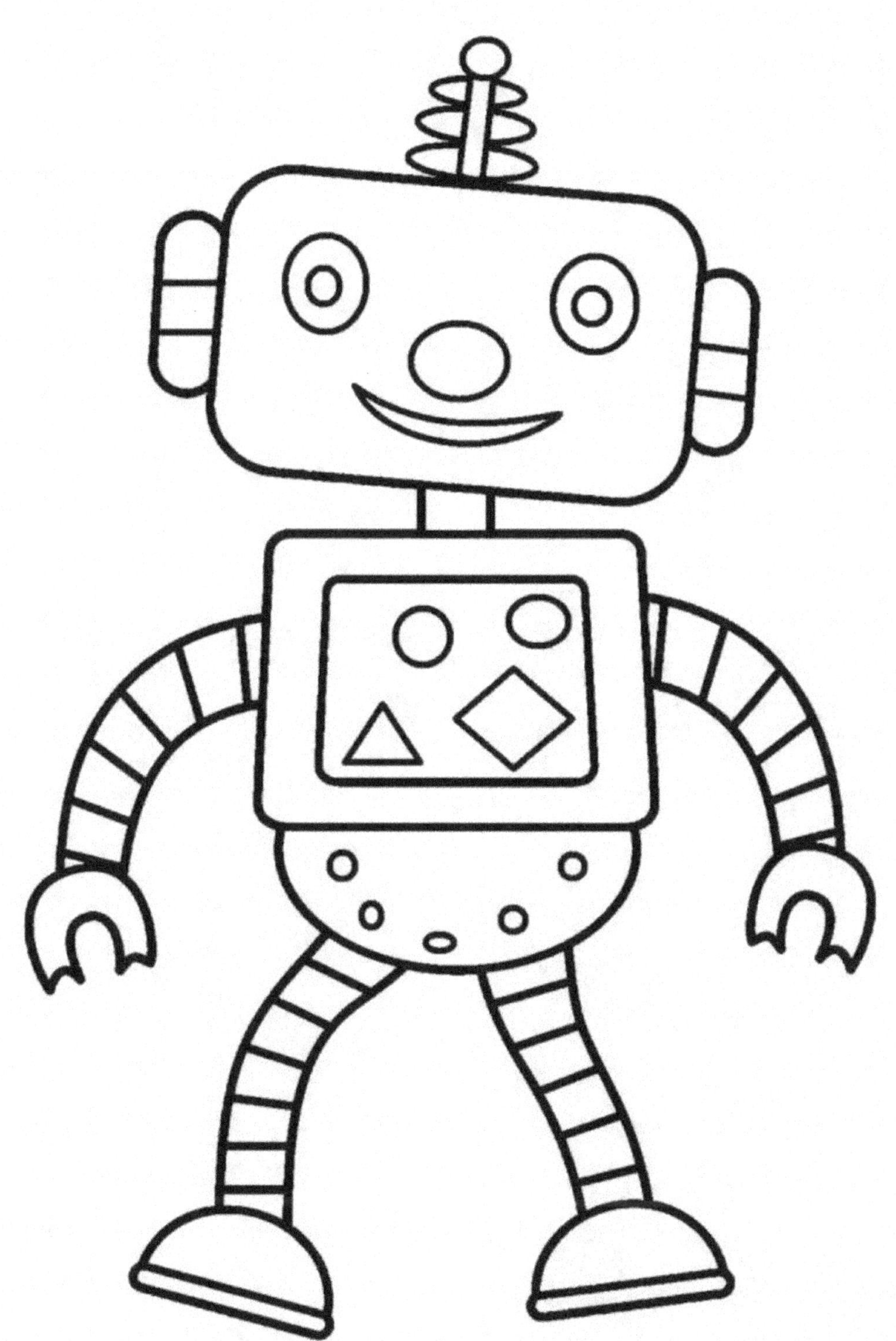

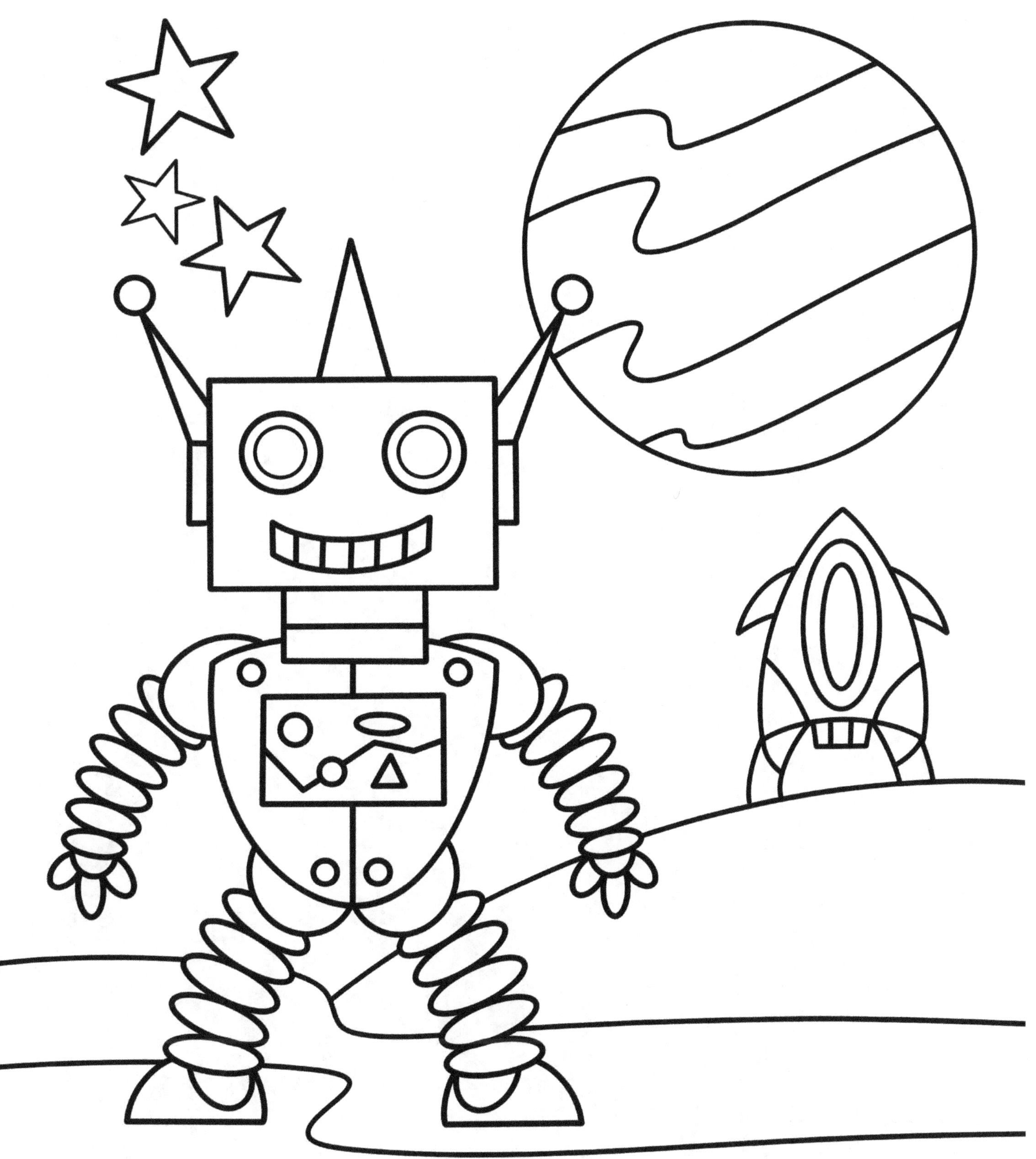

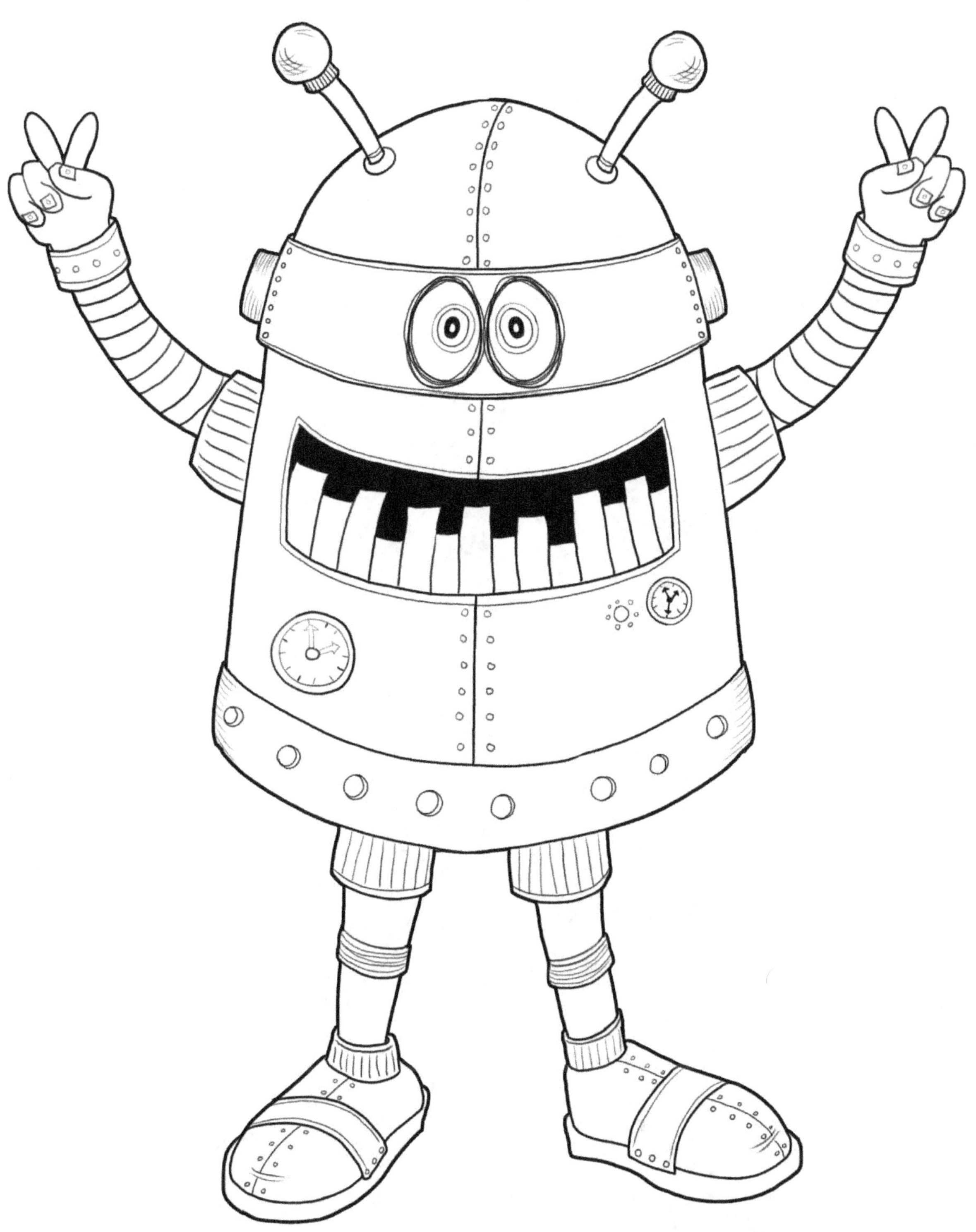

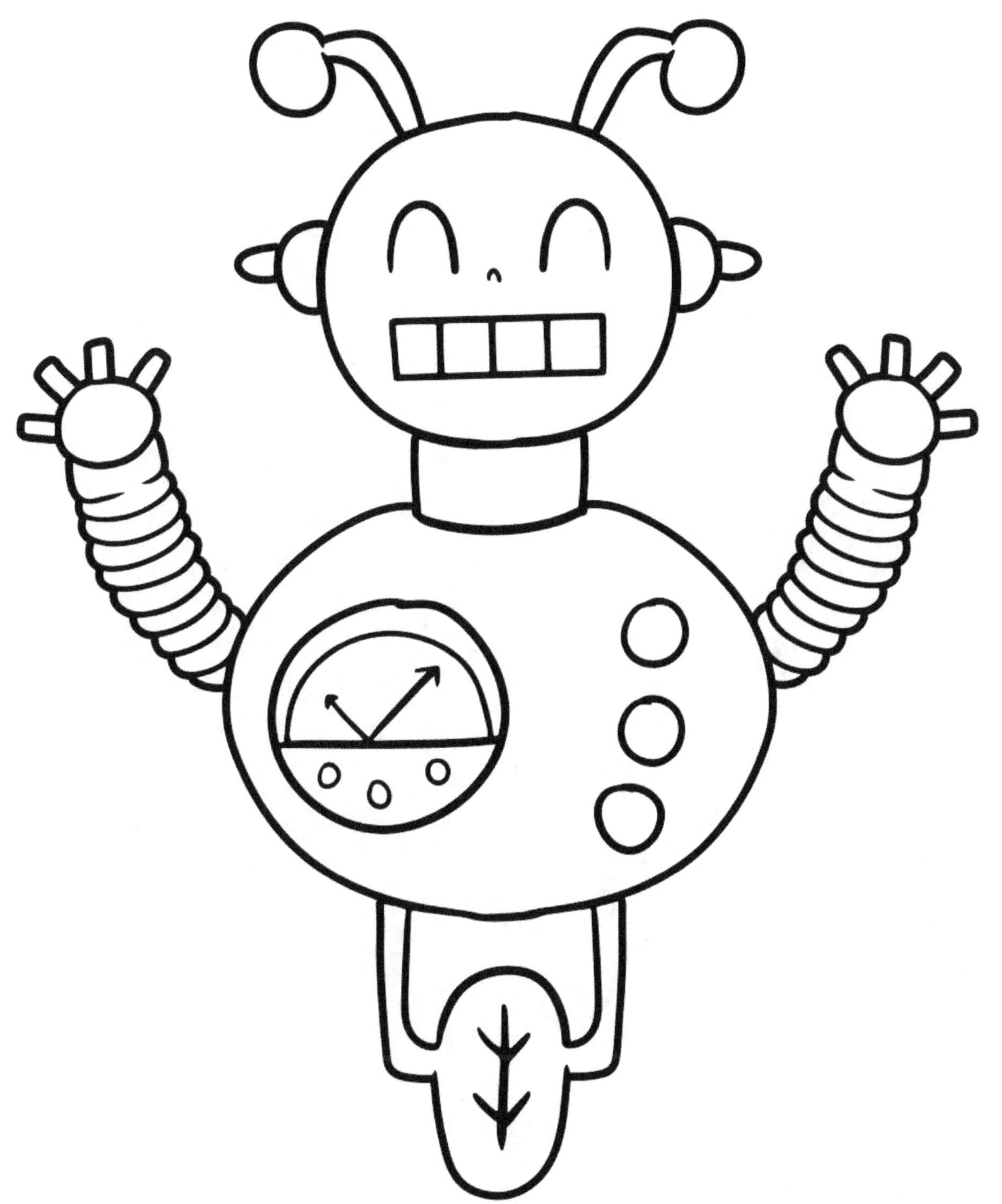

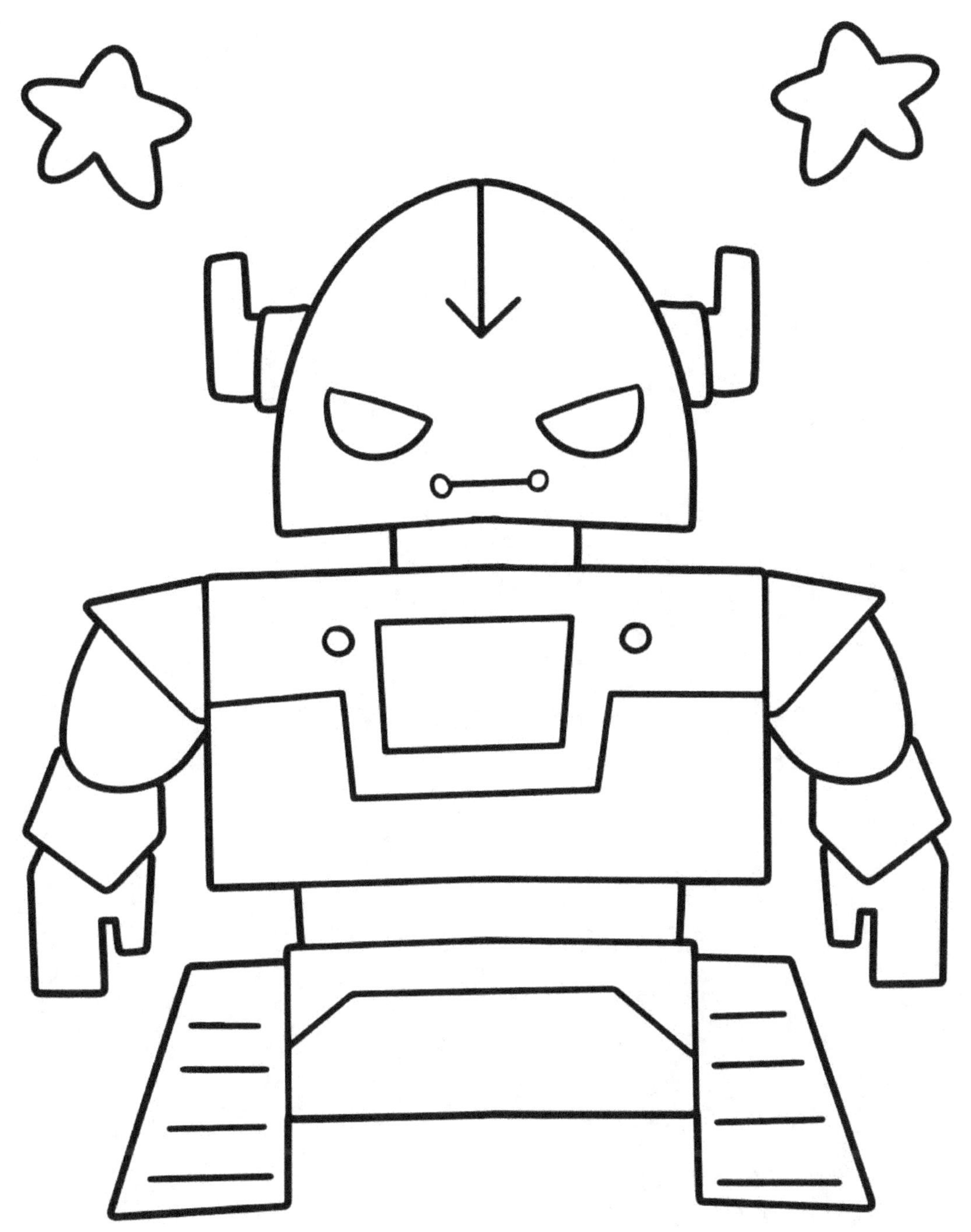

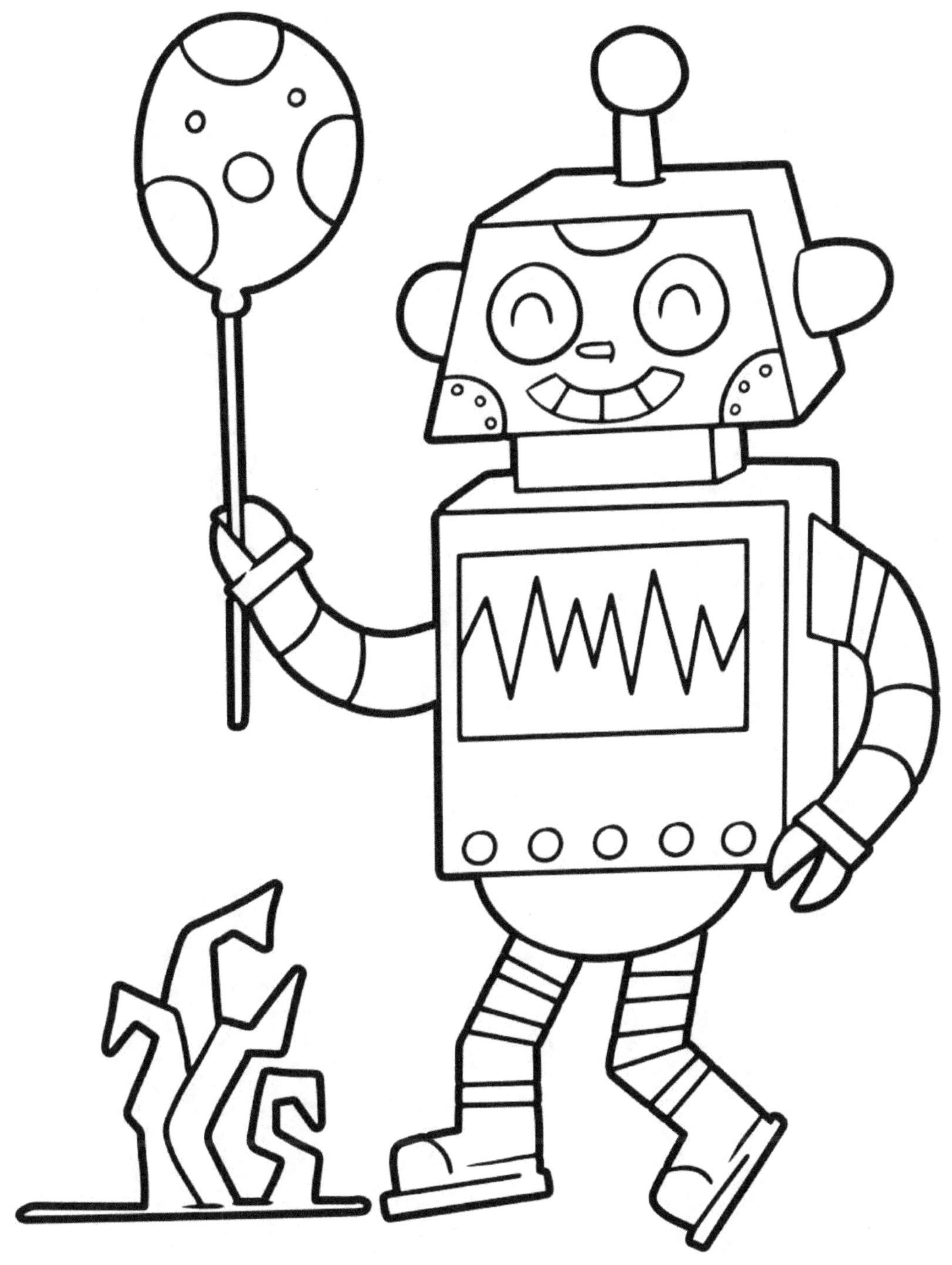

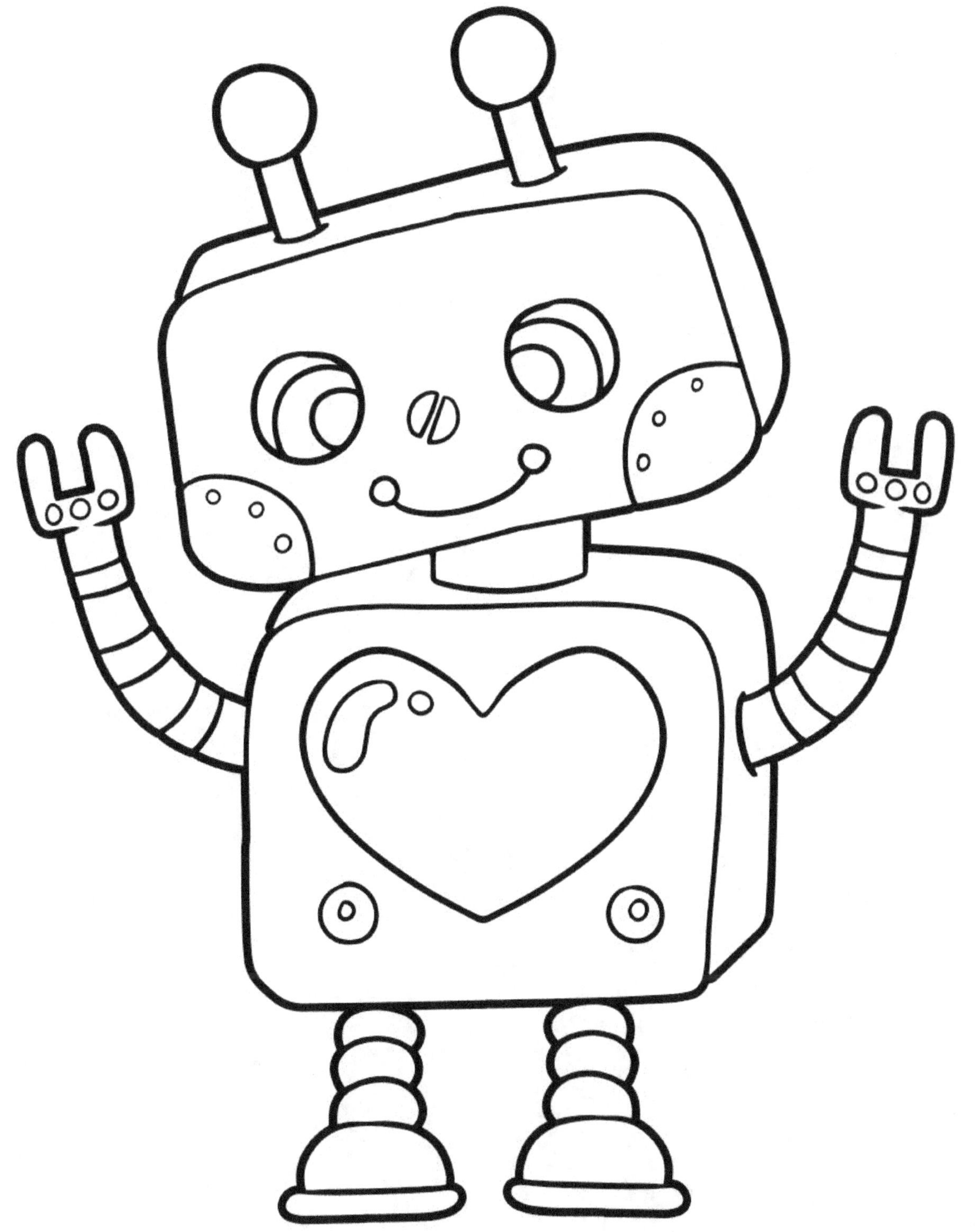

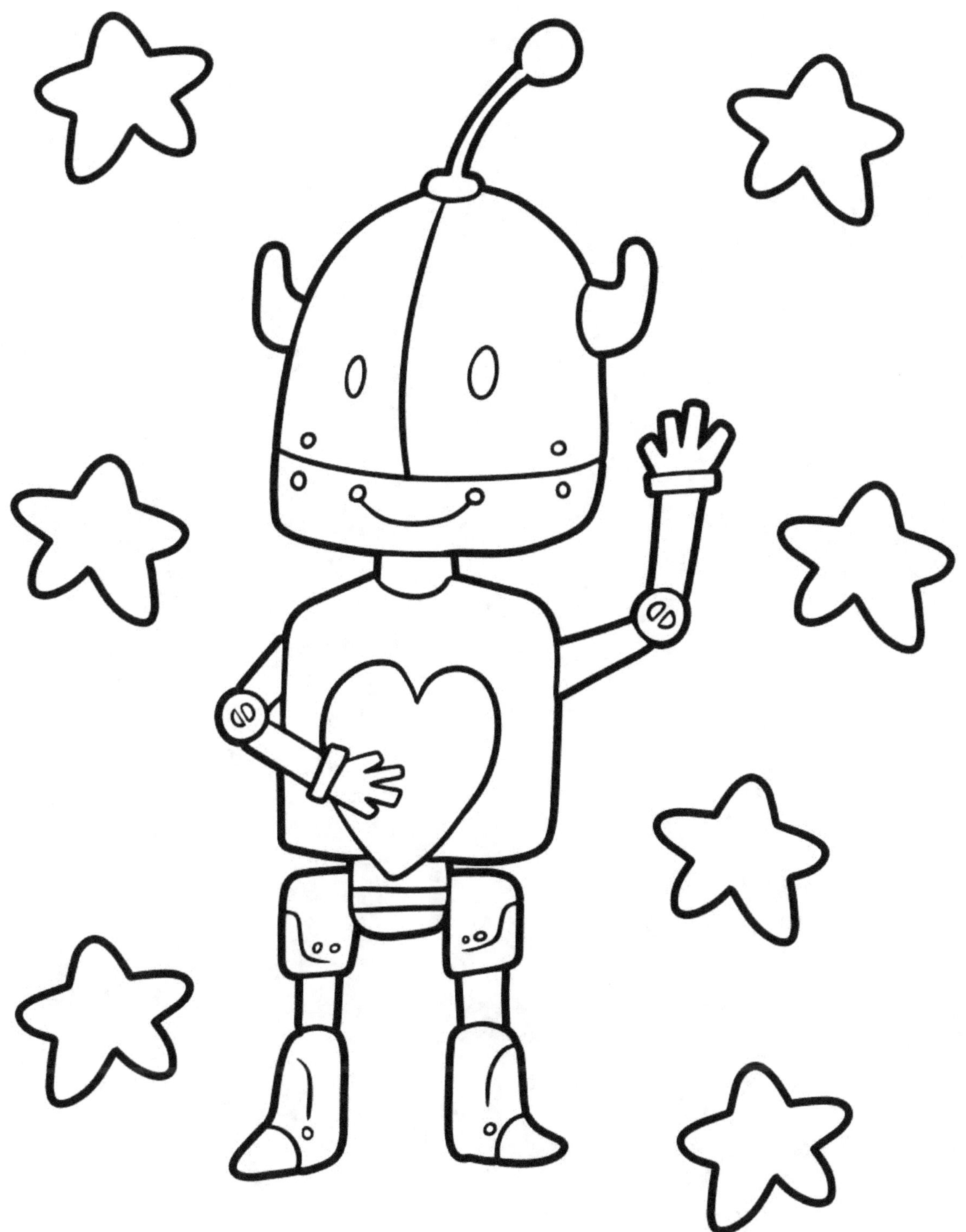

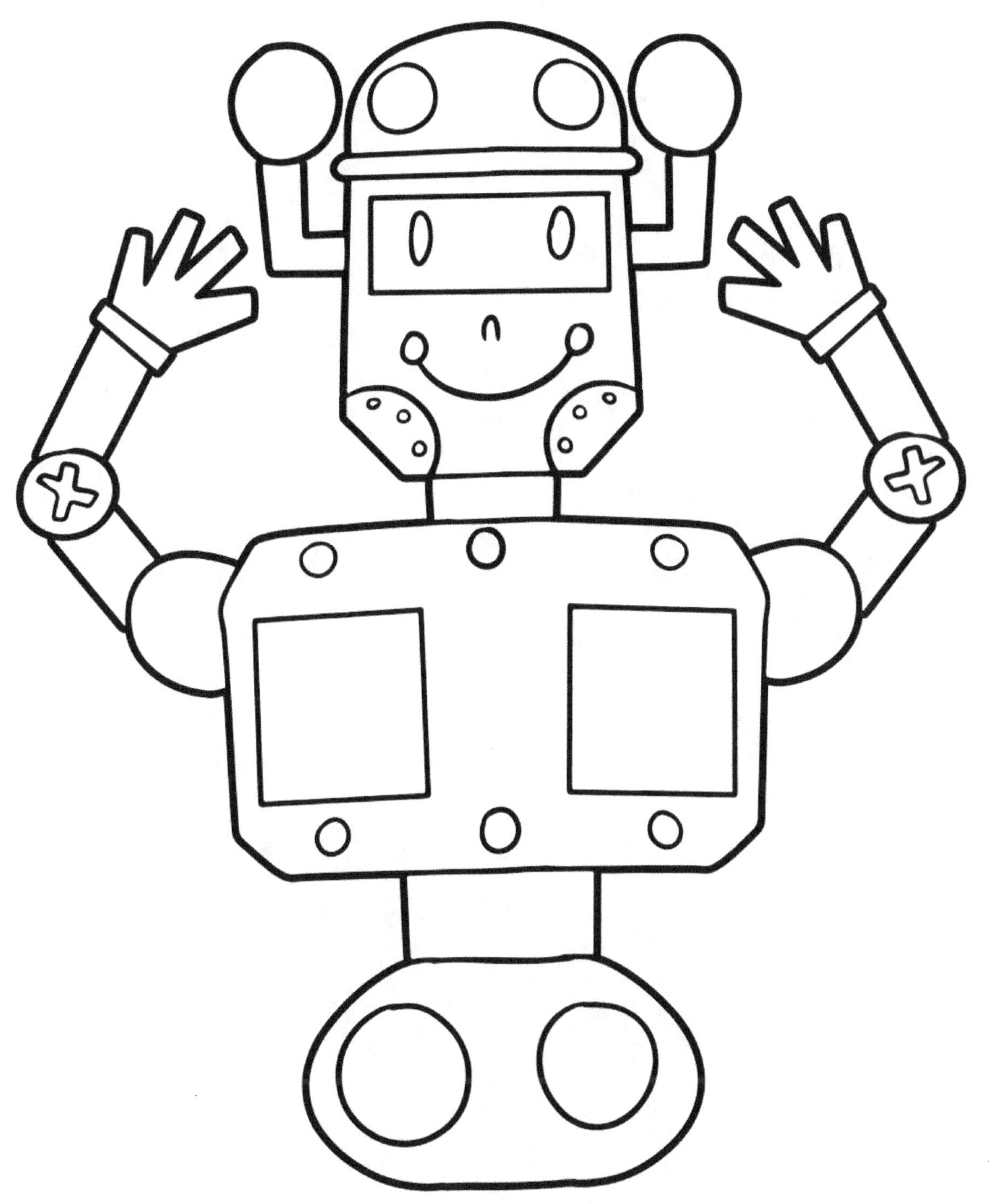

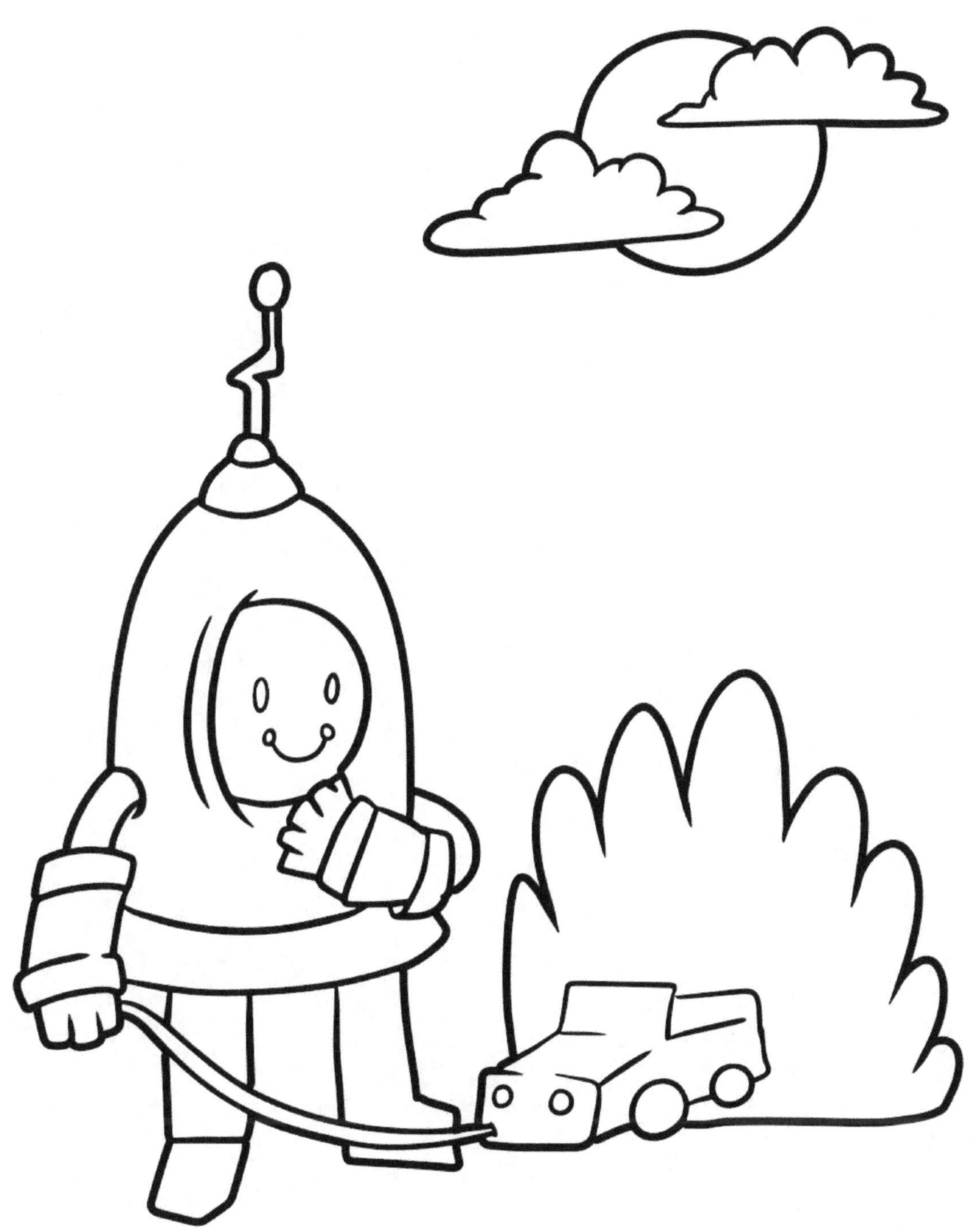

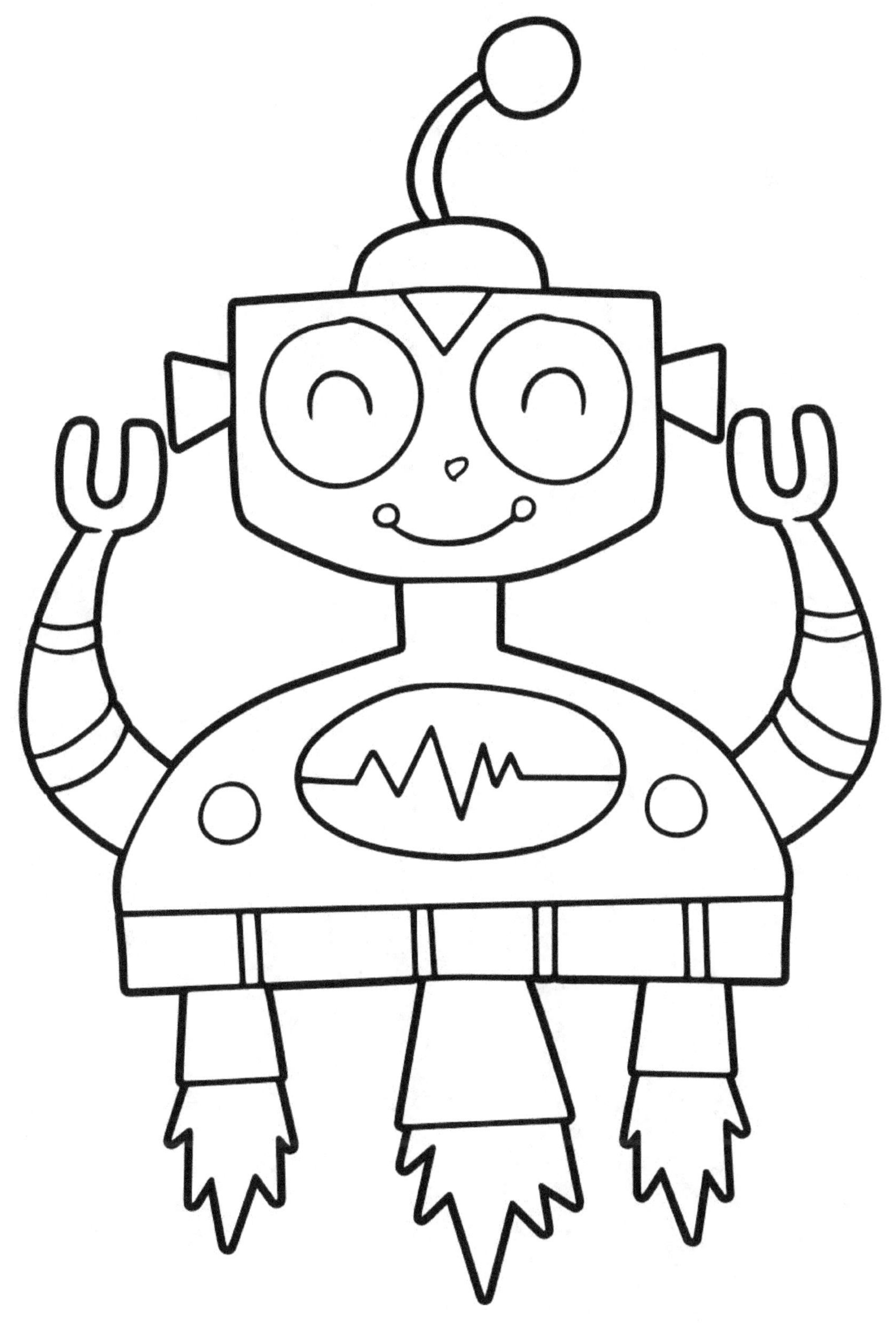

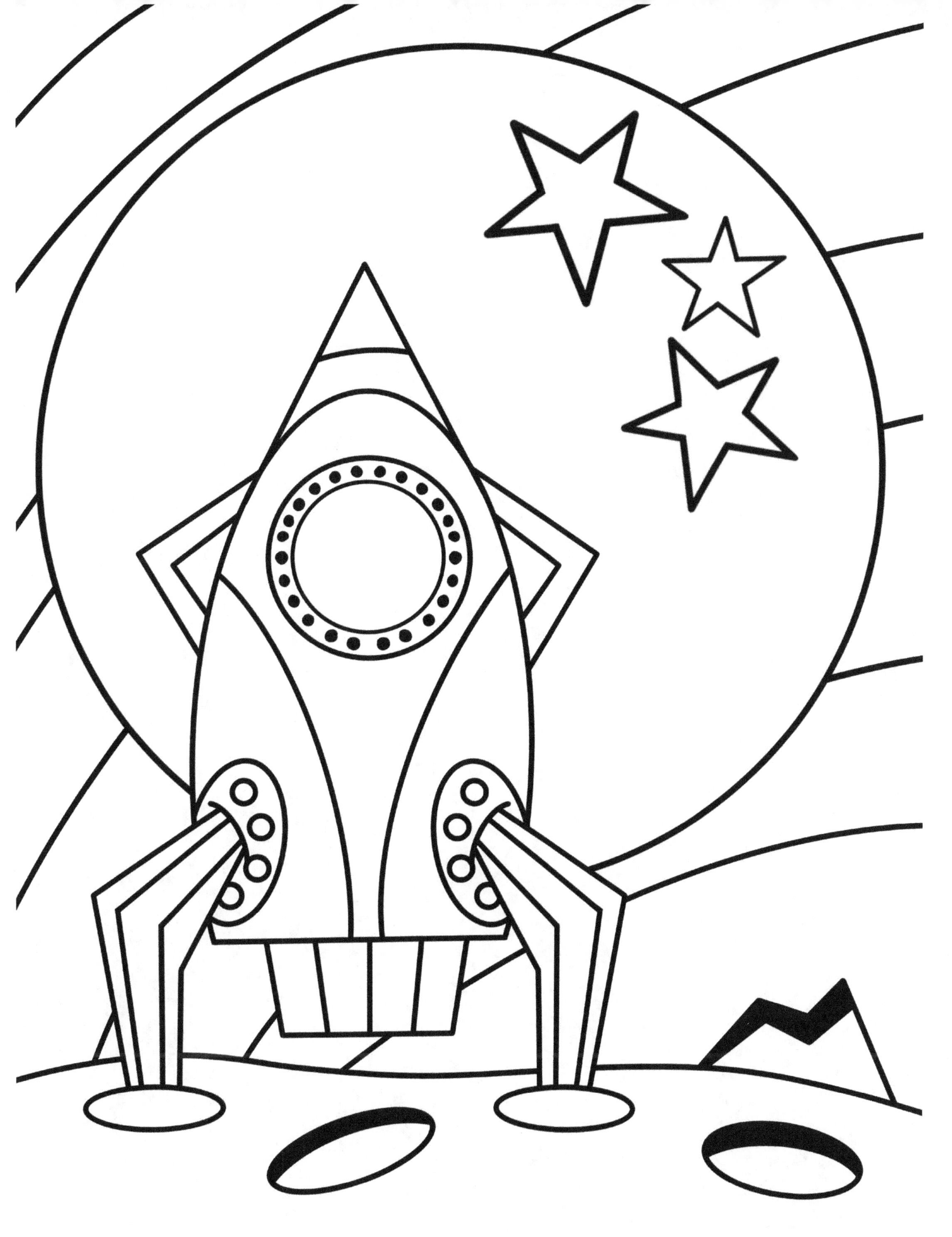

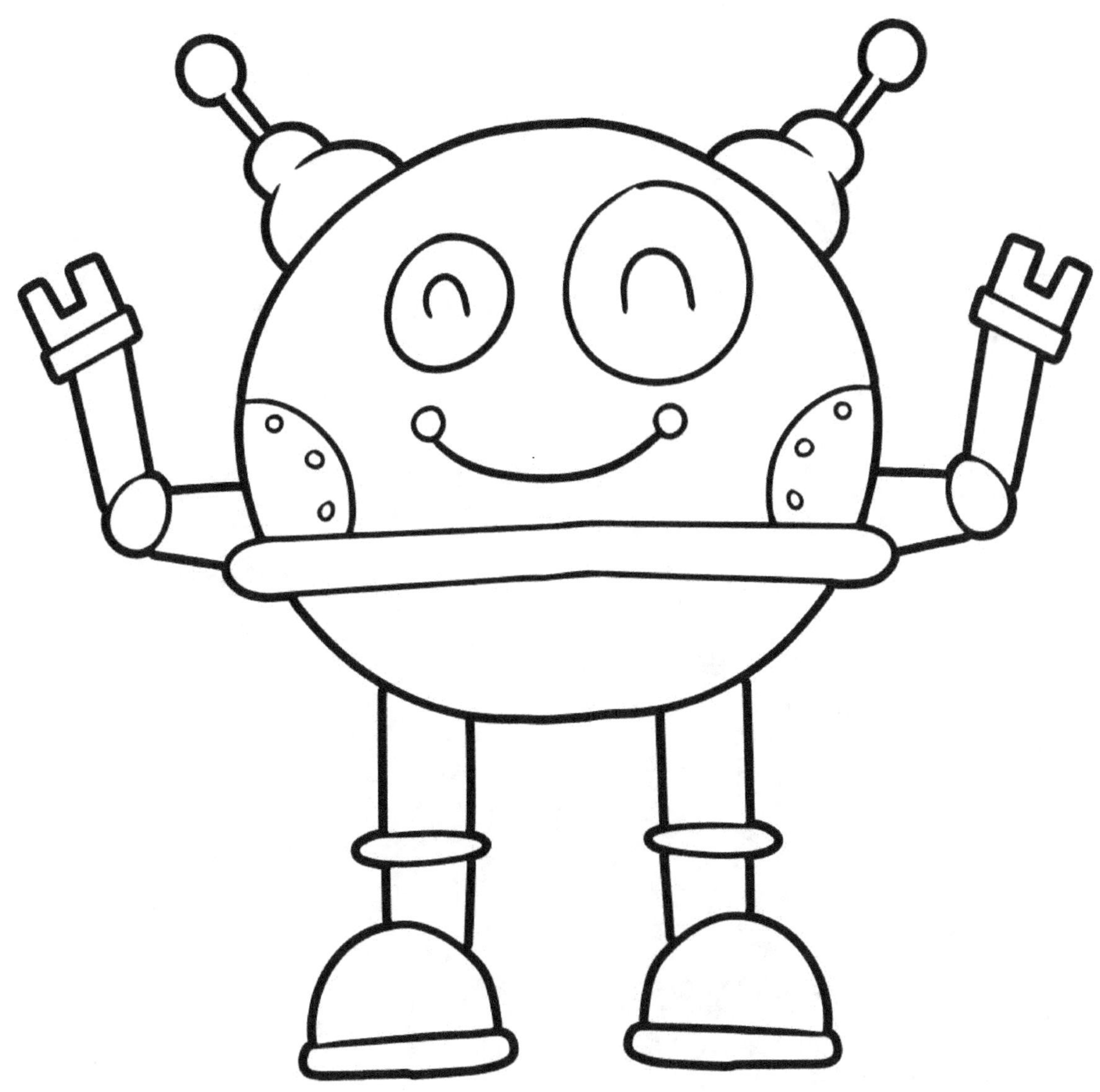

2

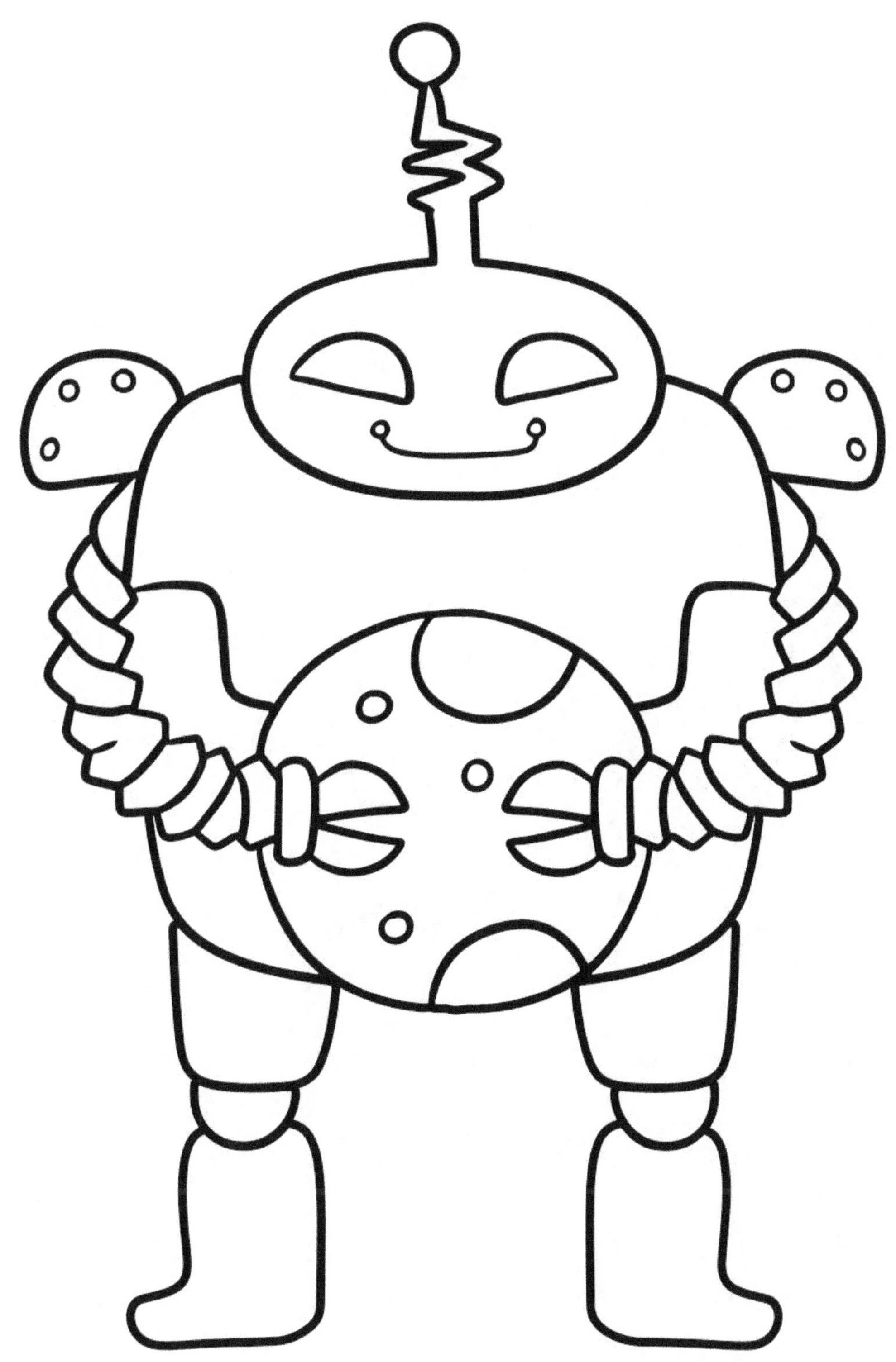

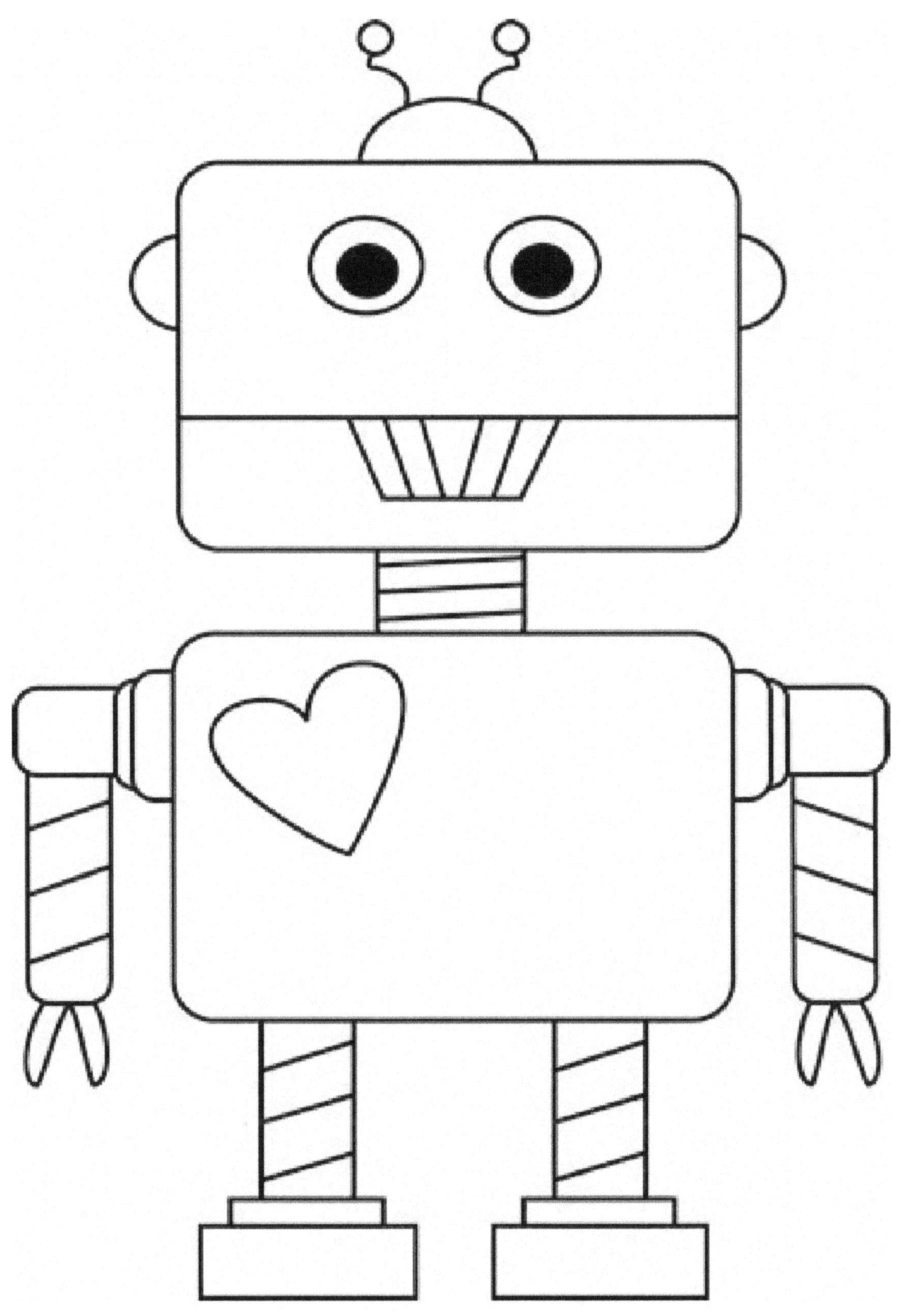

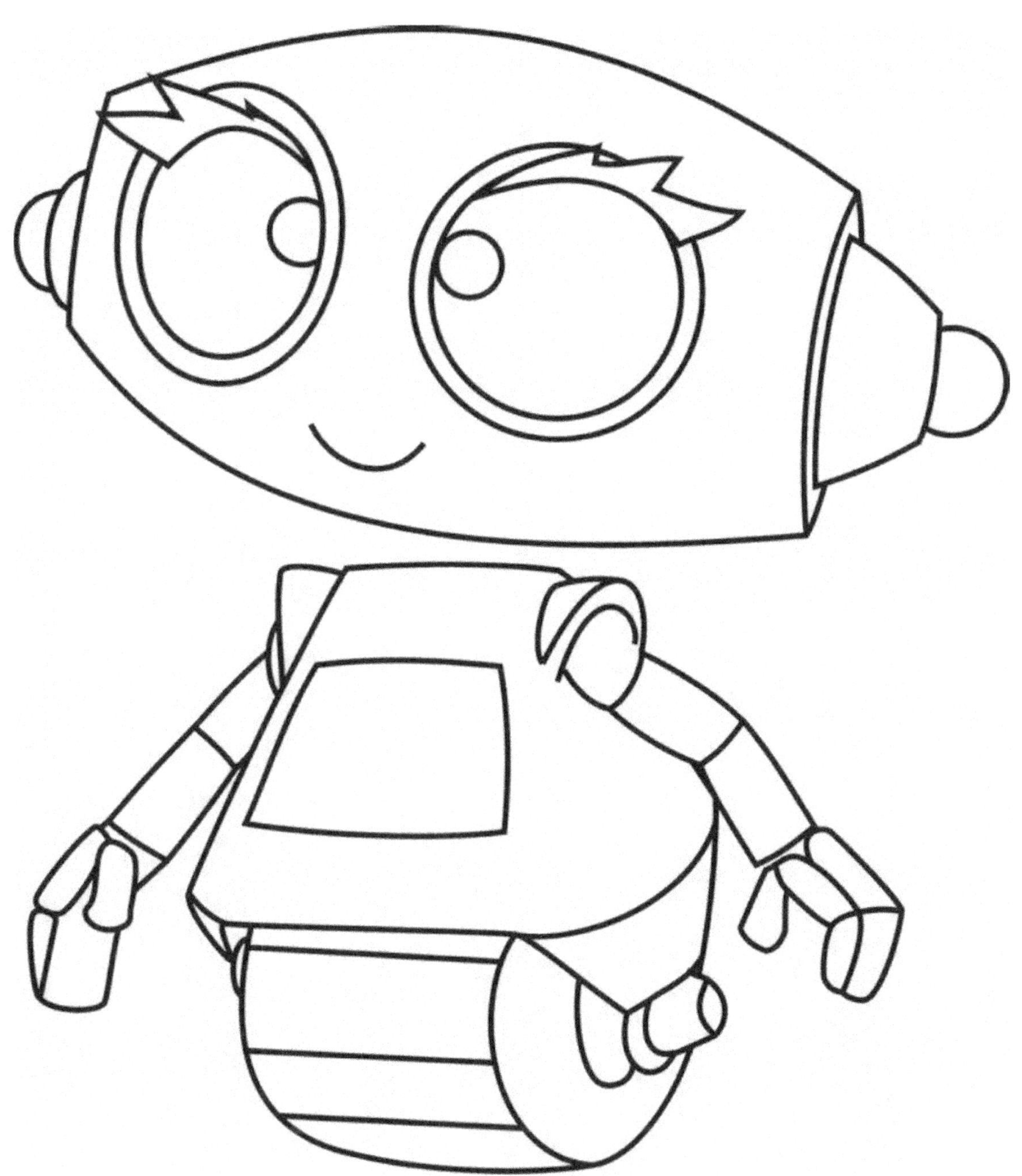

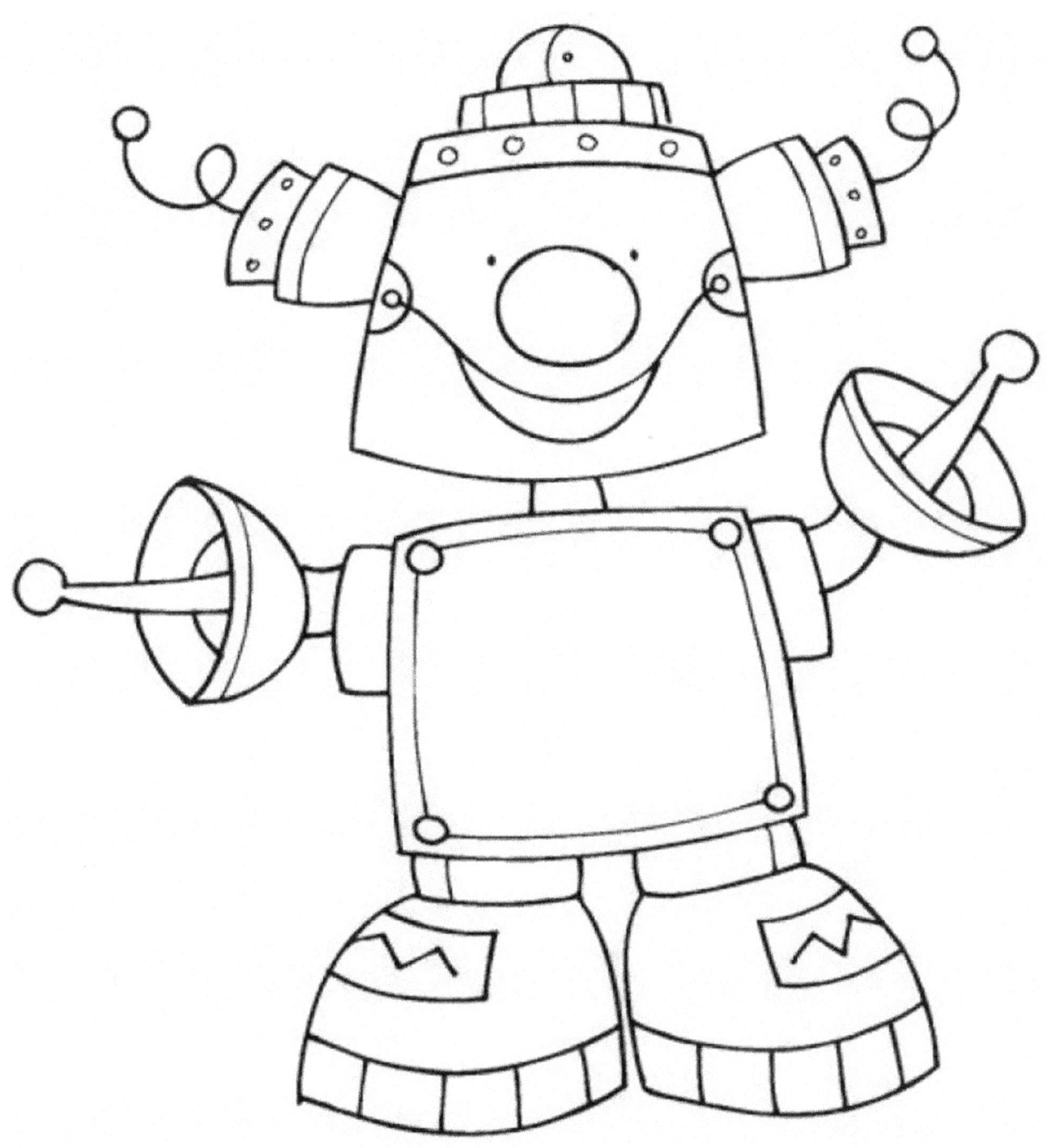

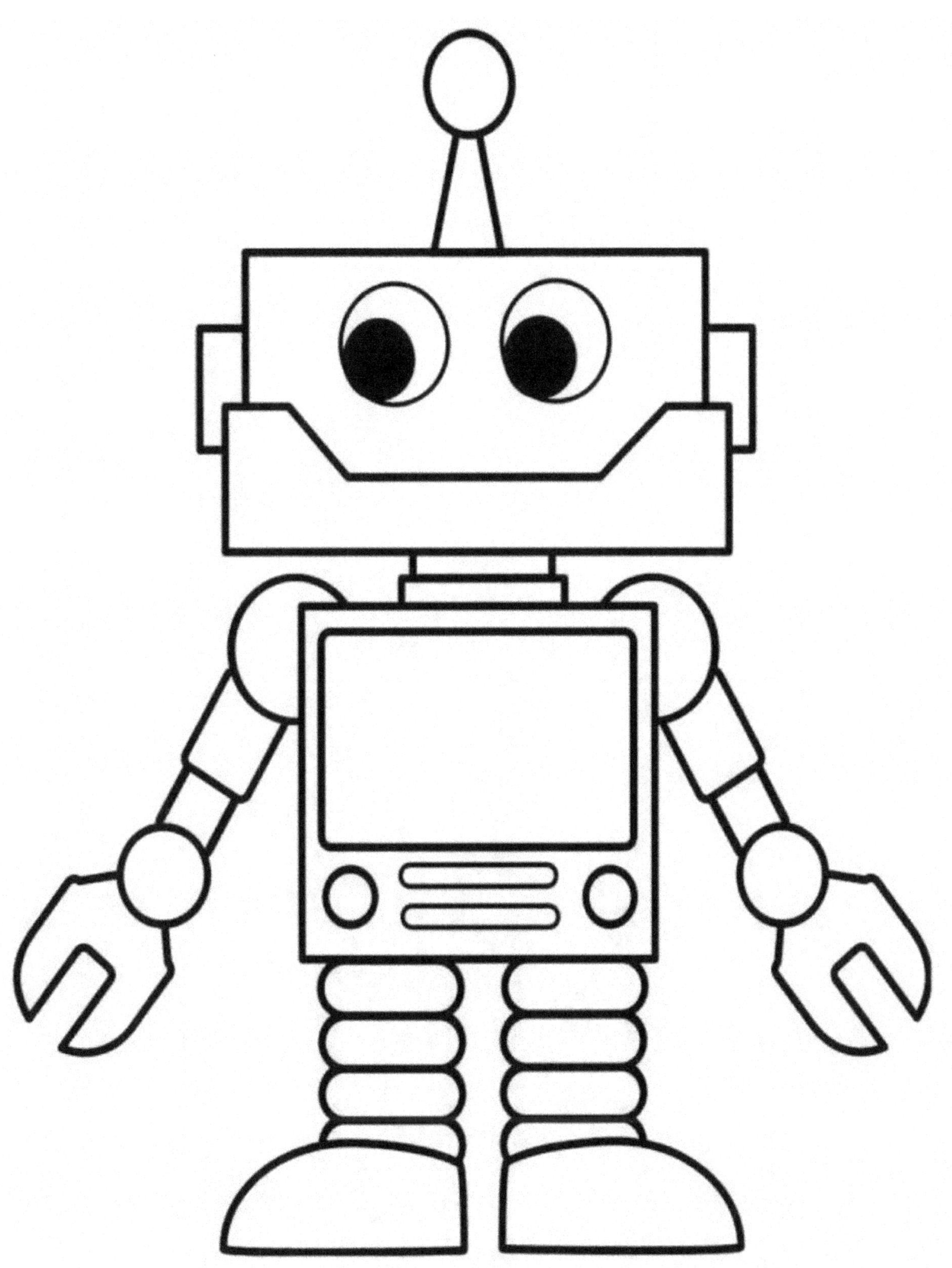

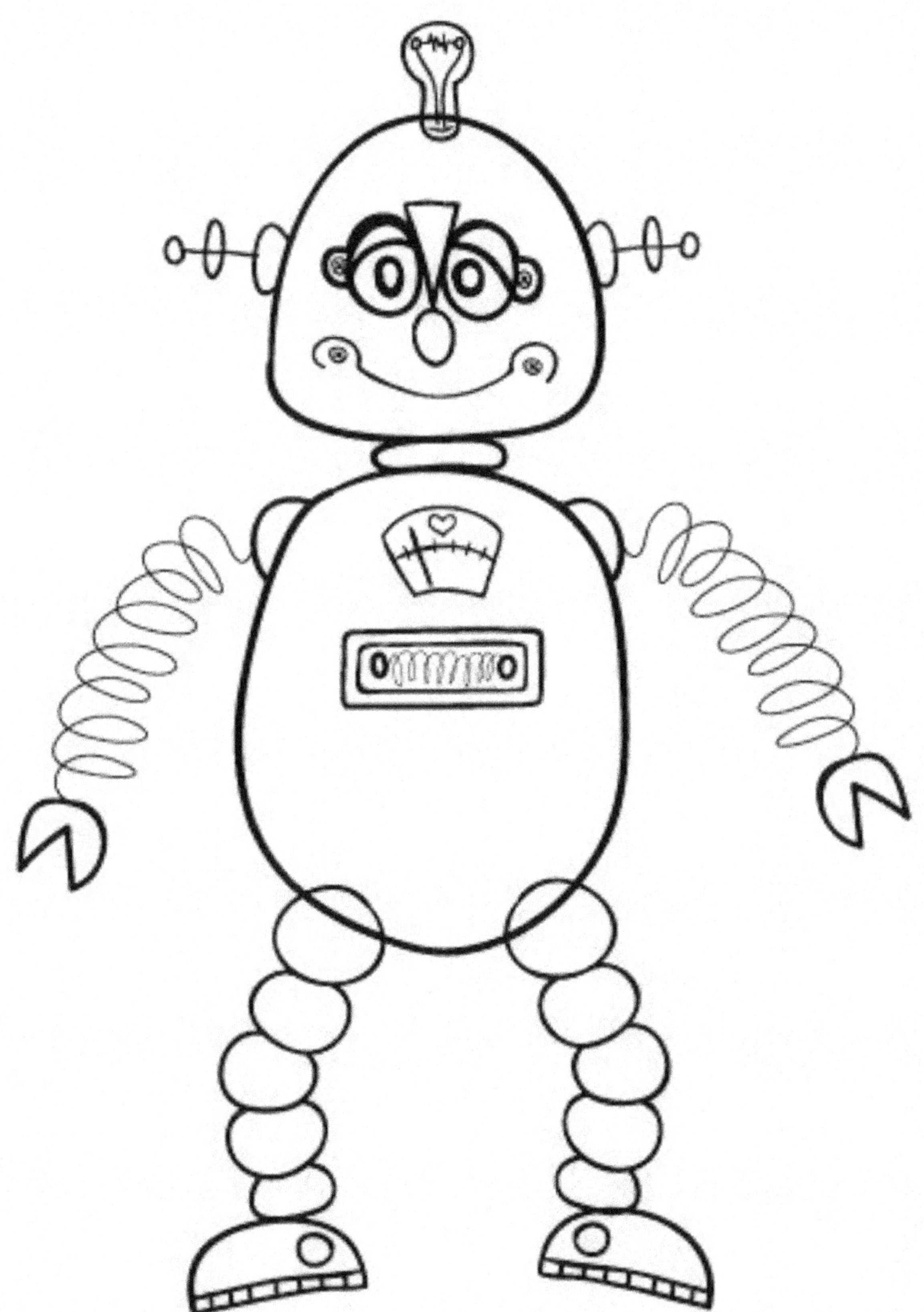

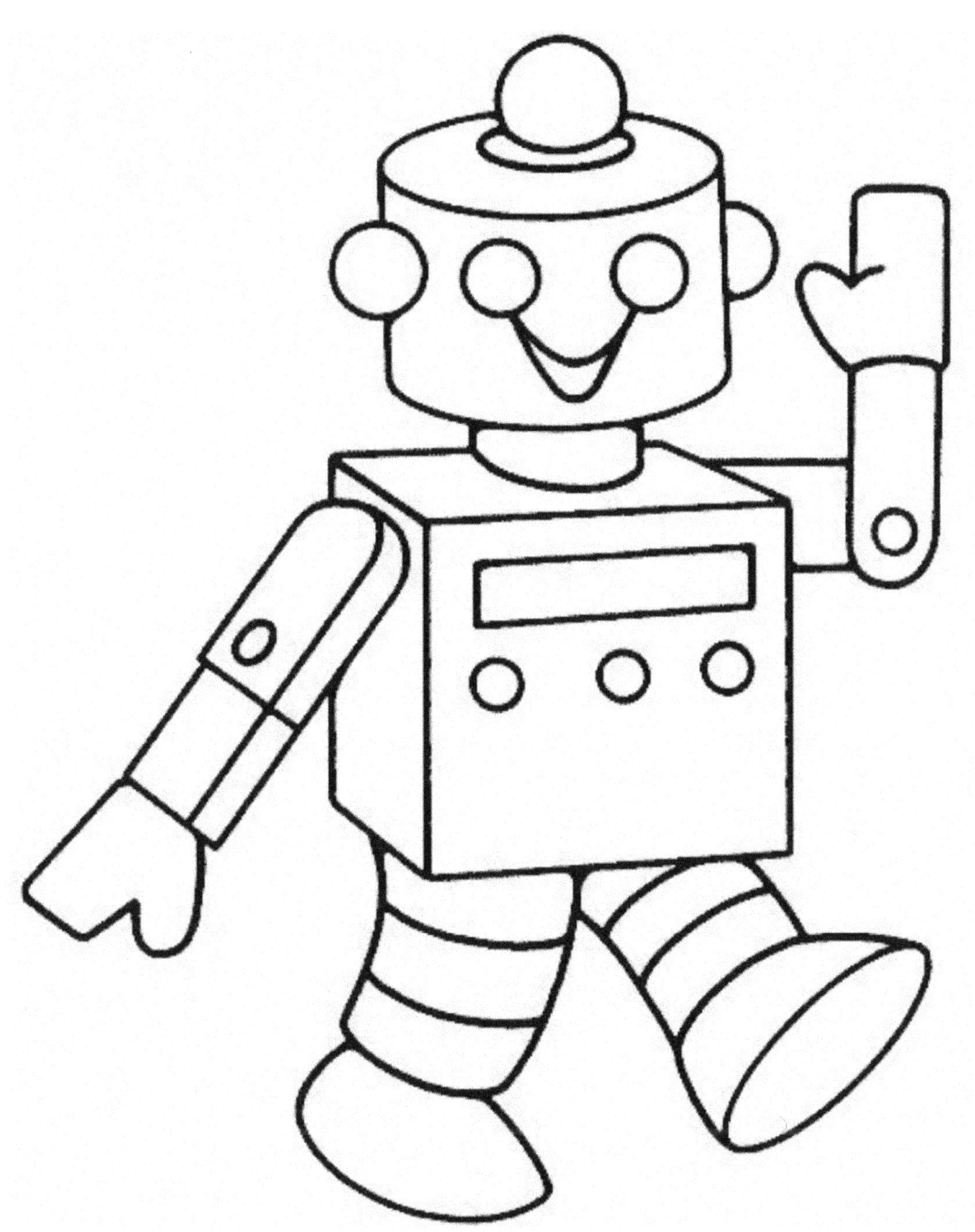

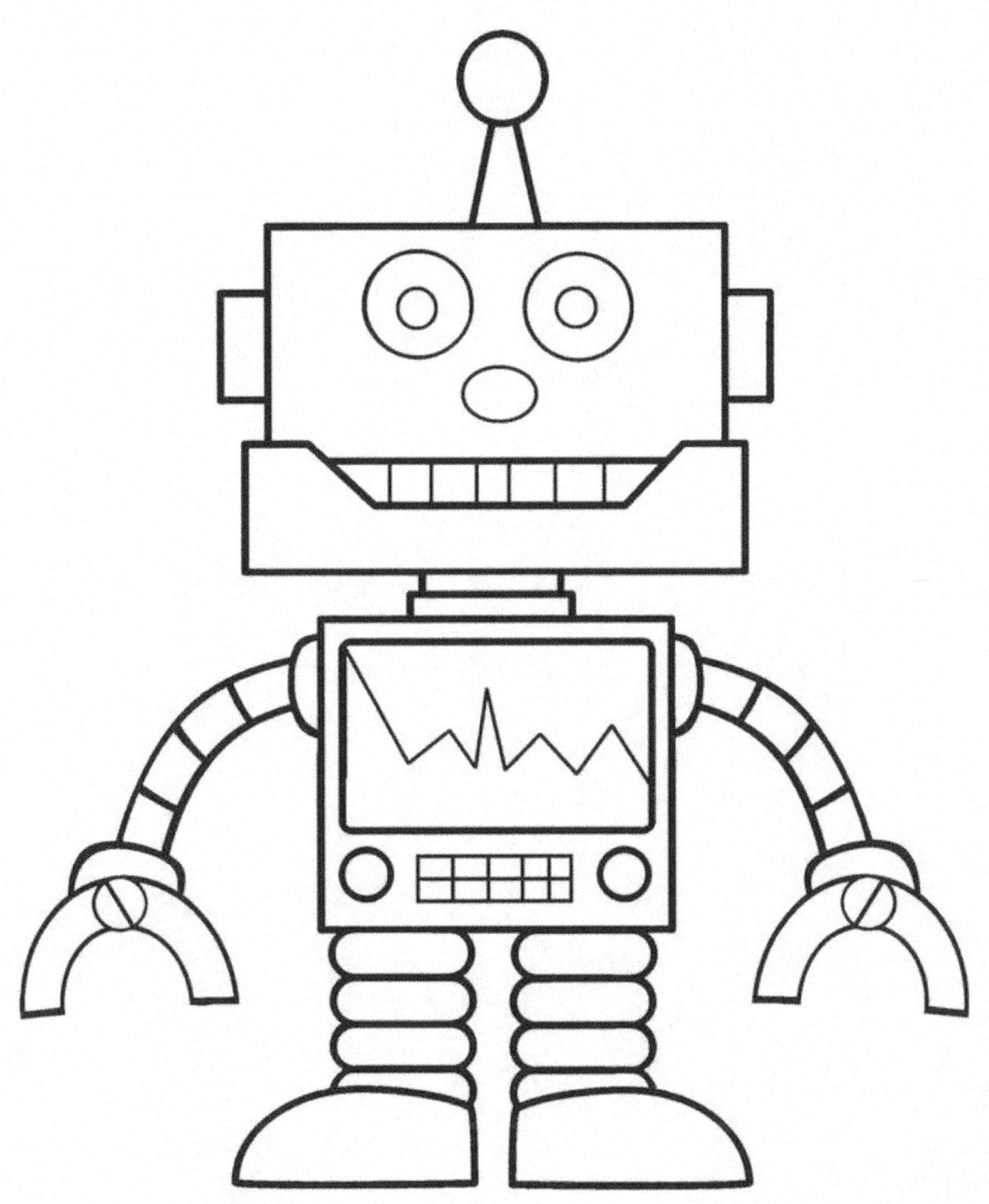

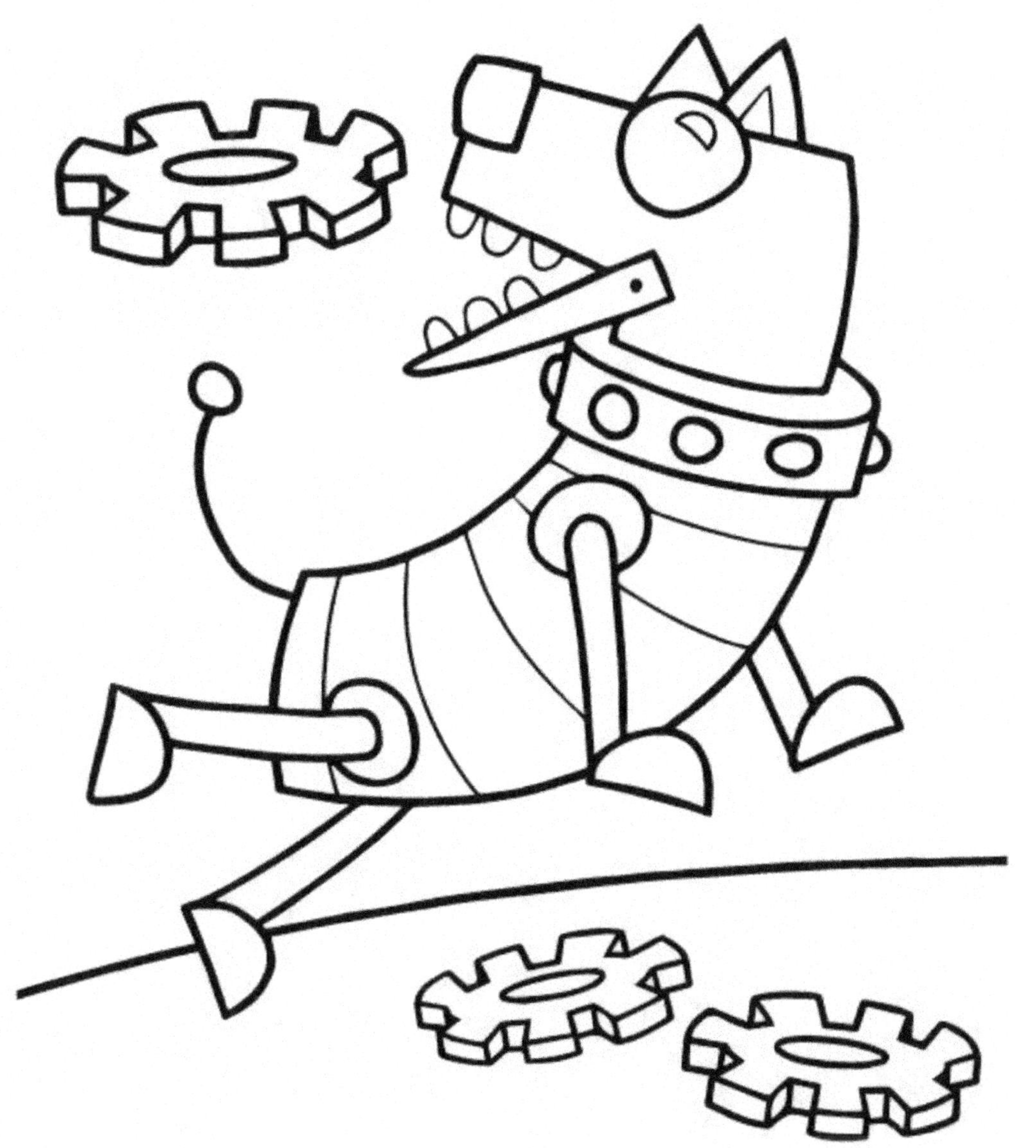

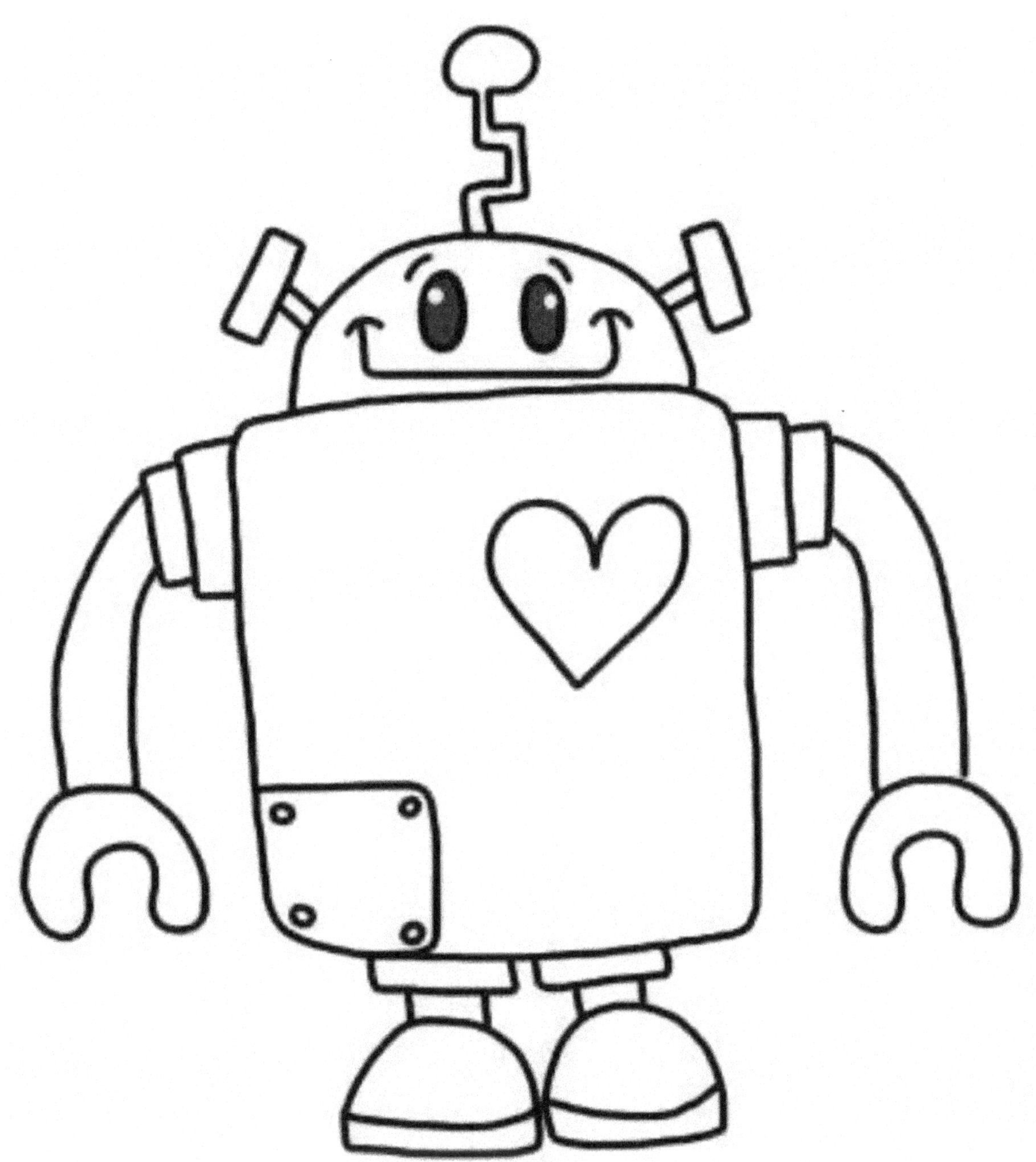

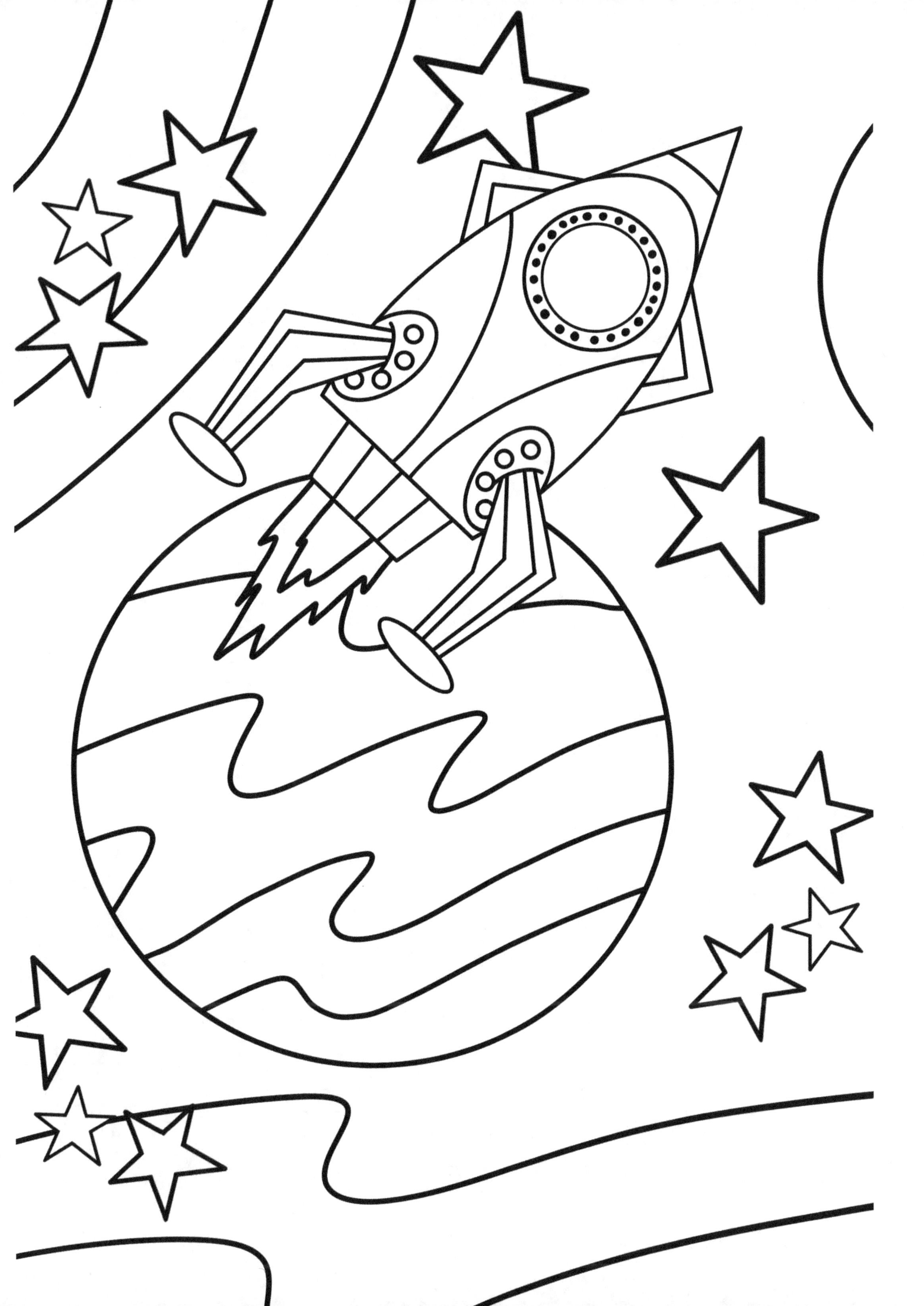

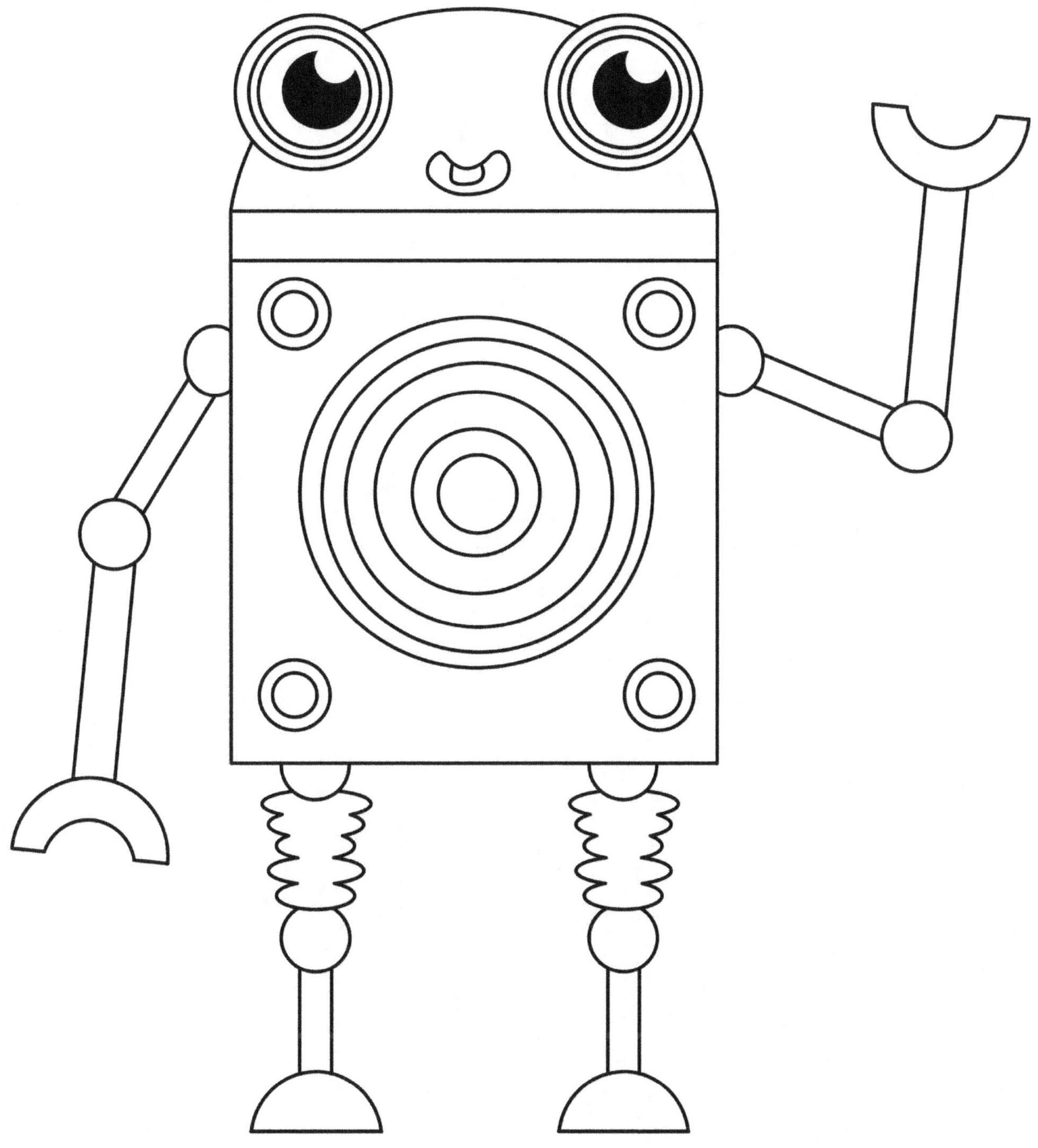

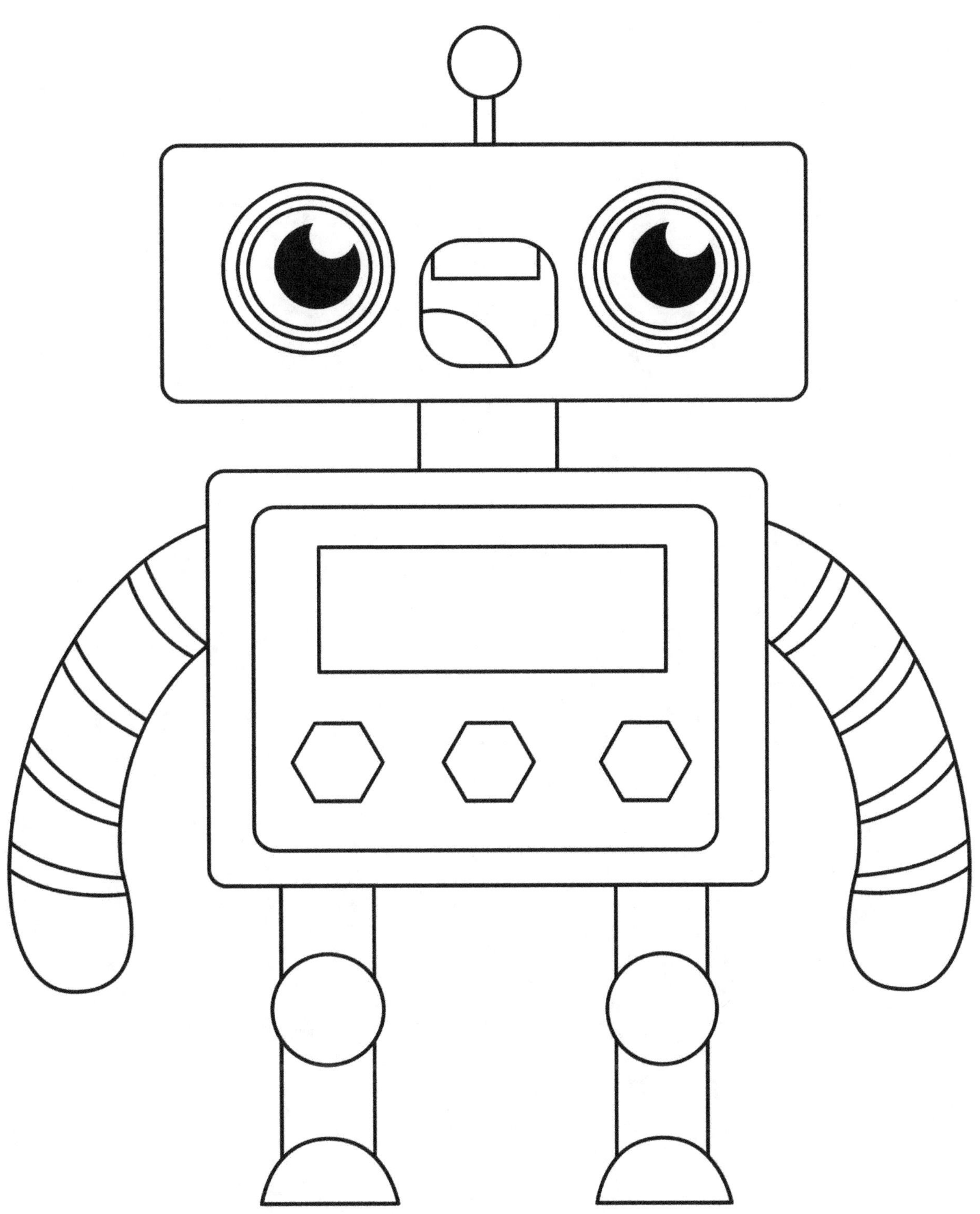

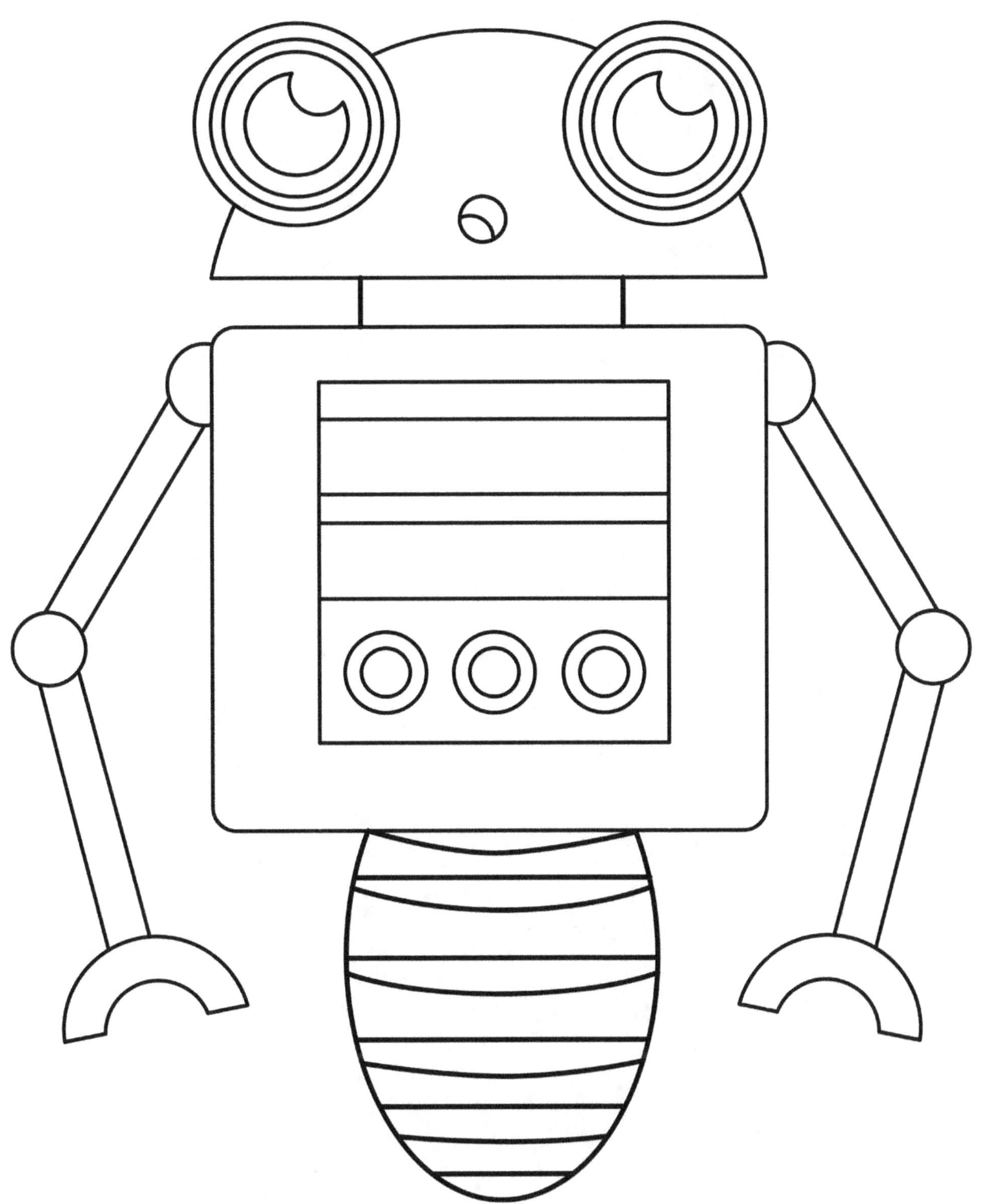

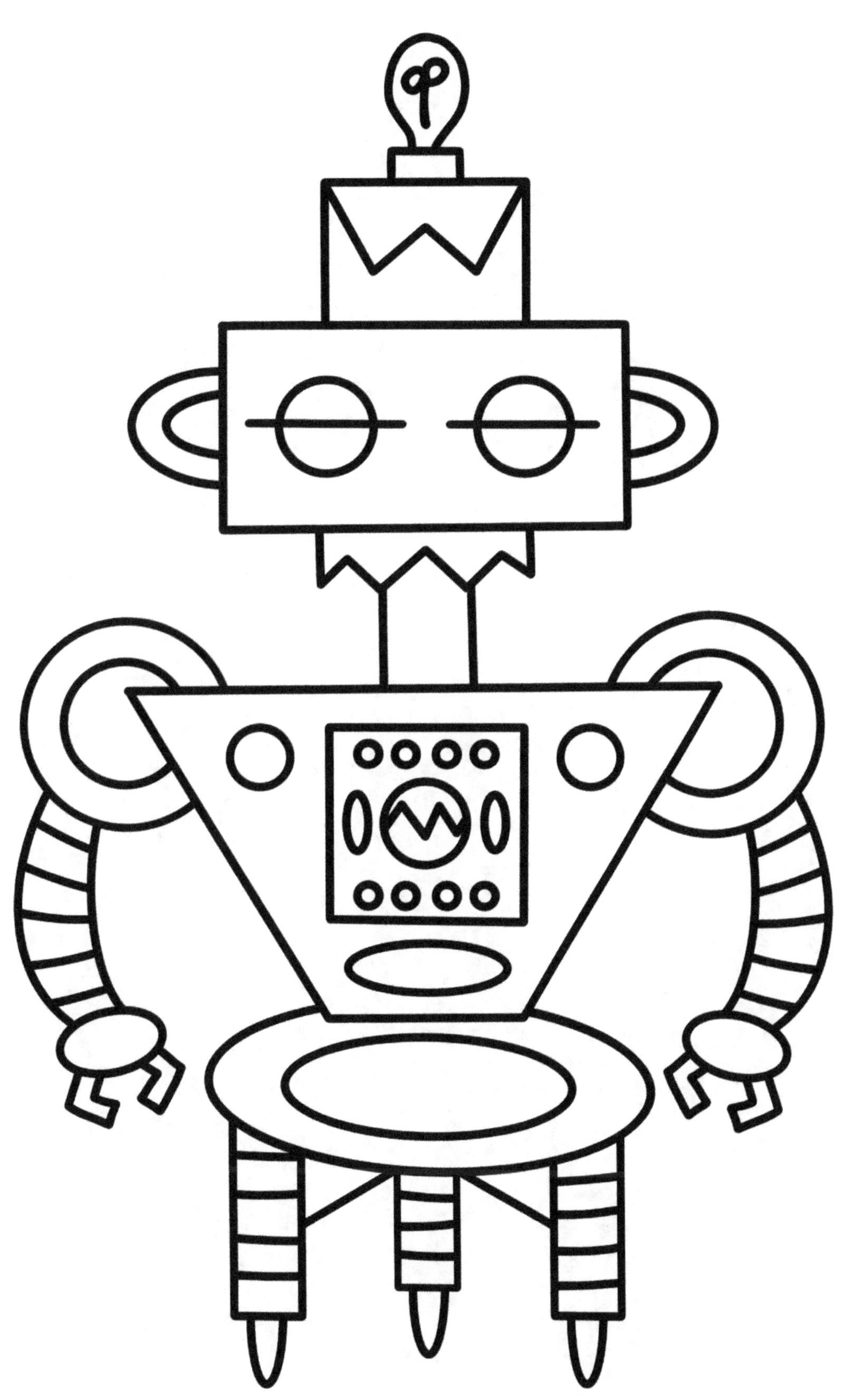

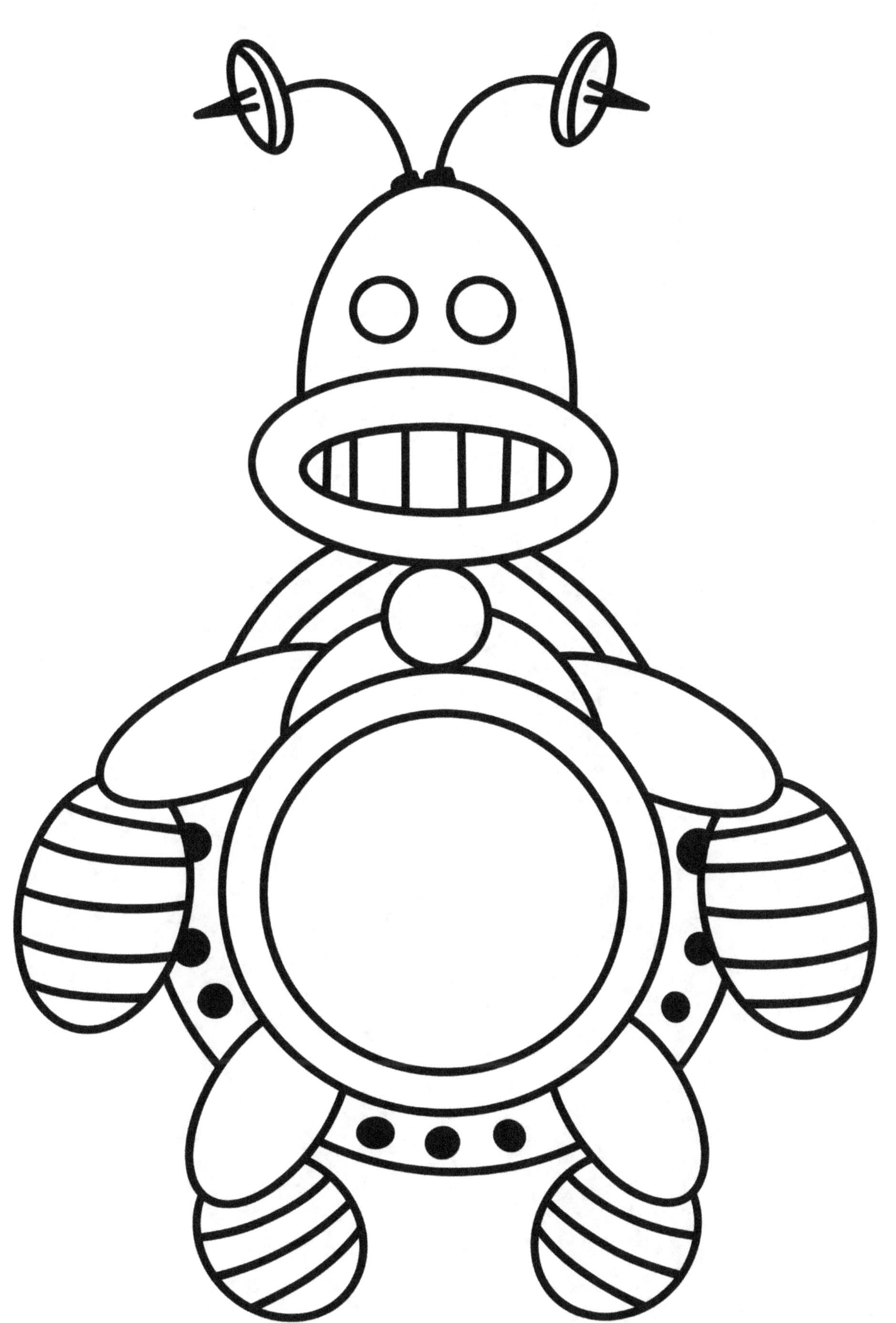

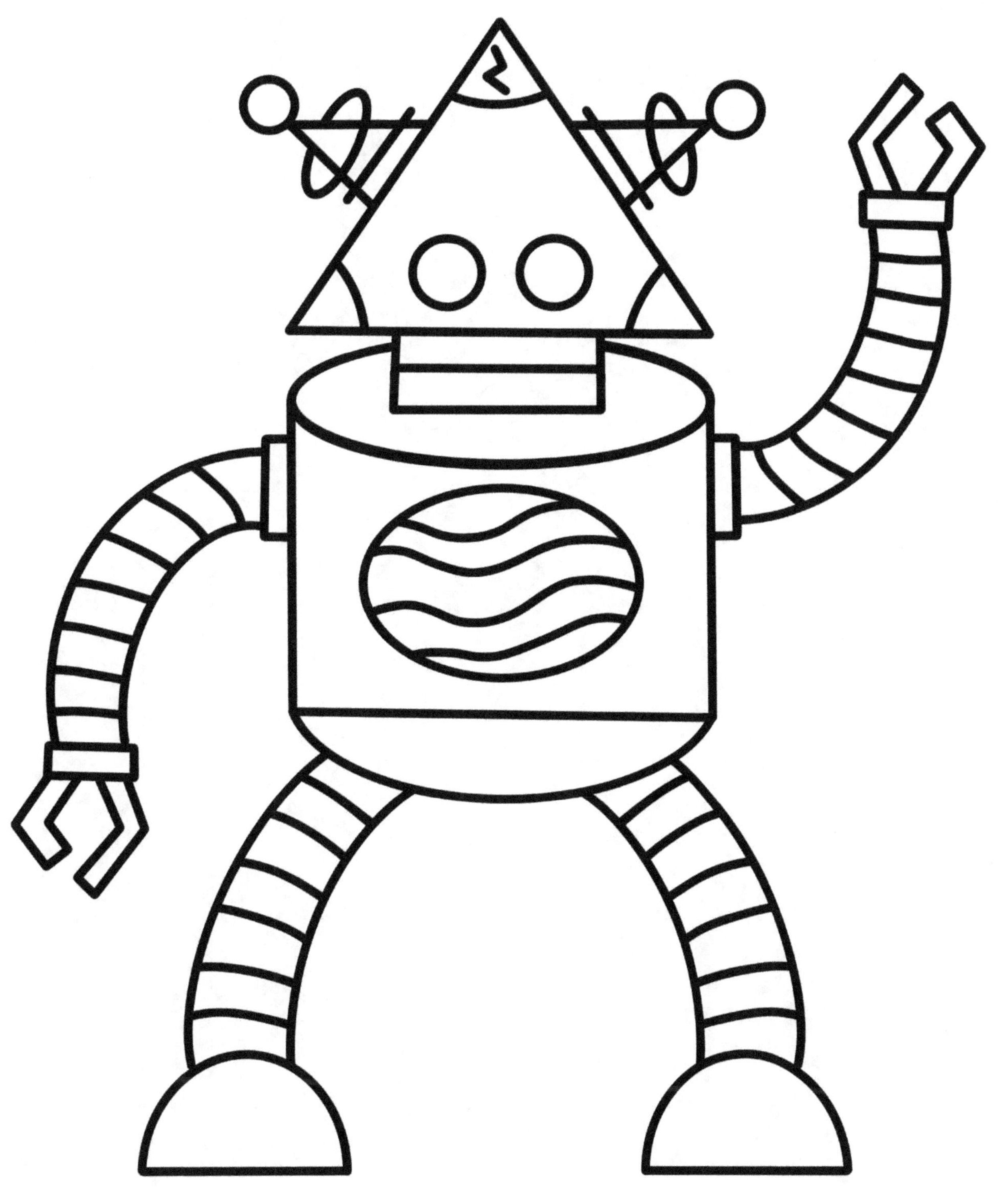

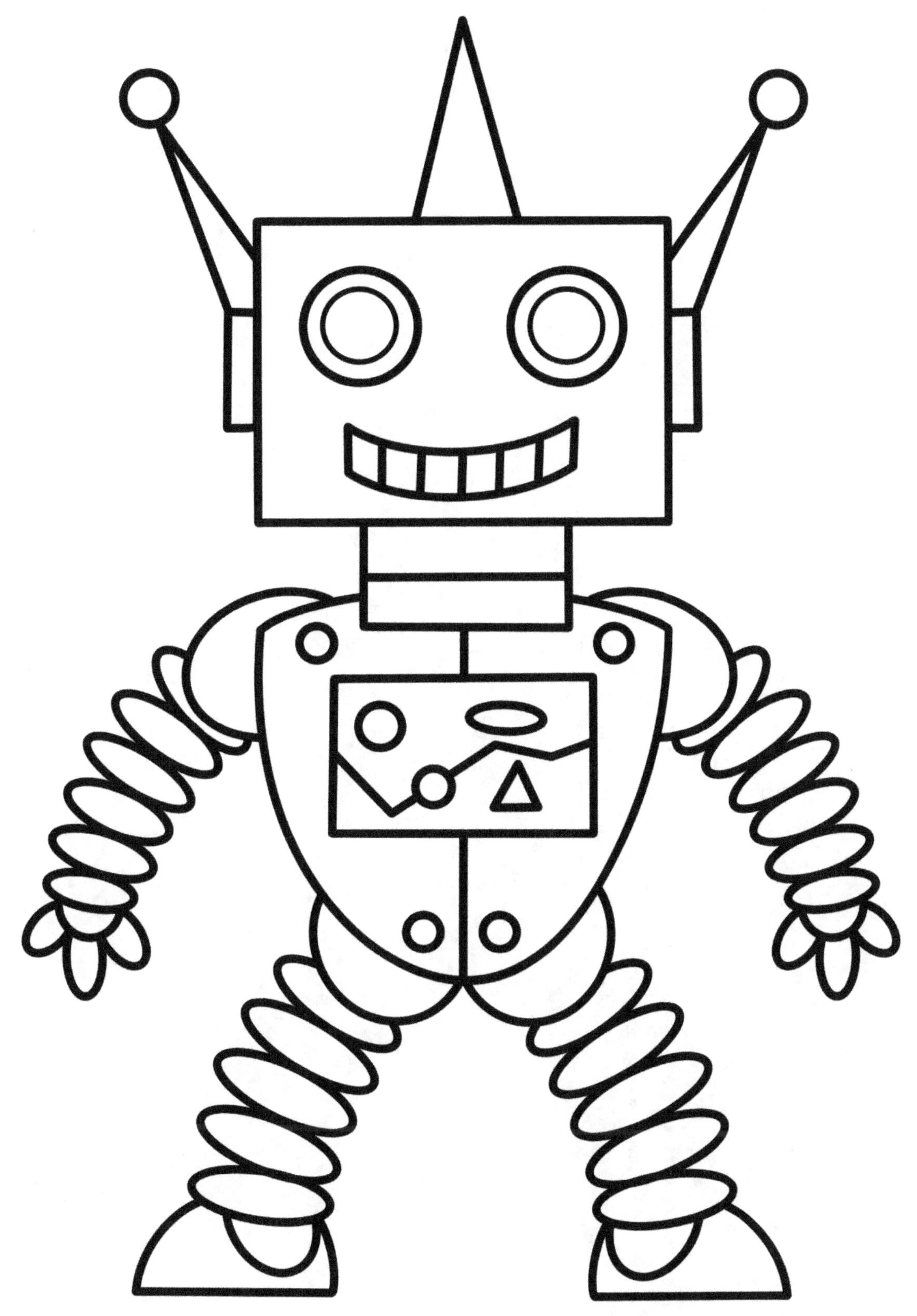

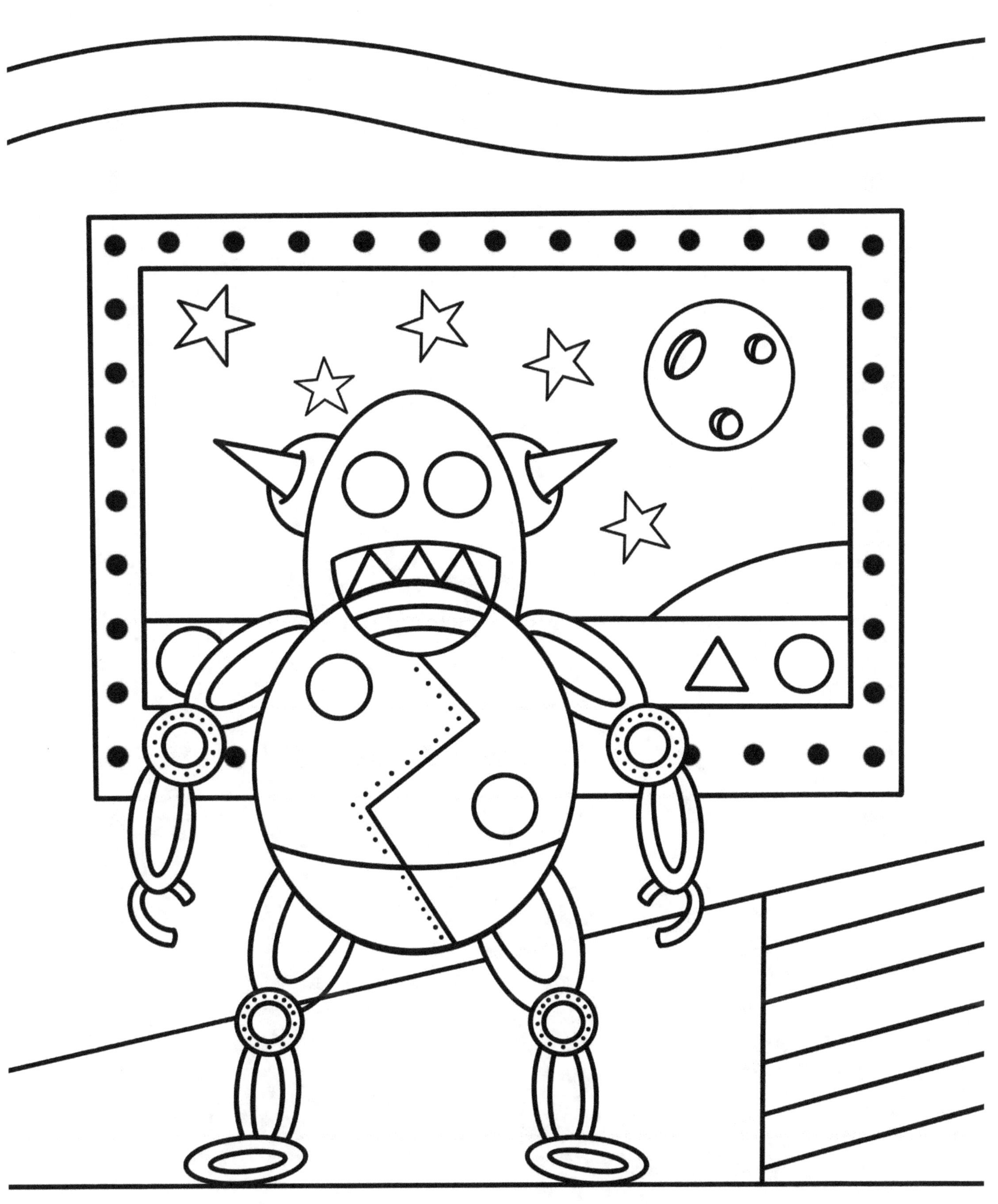

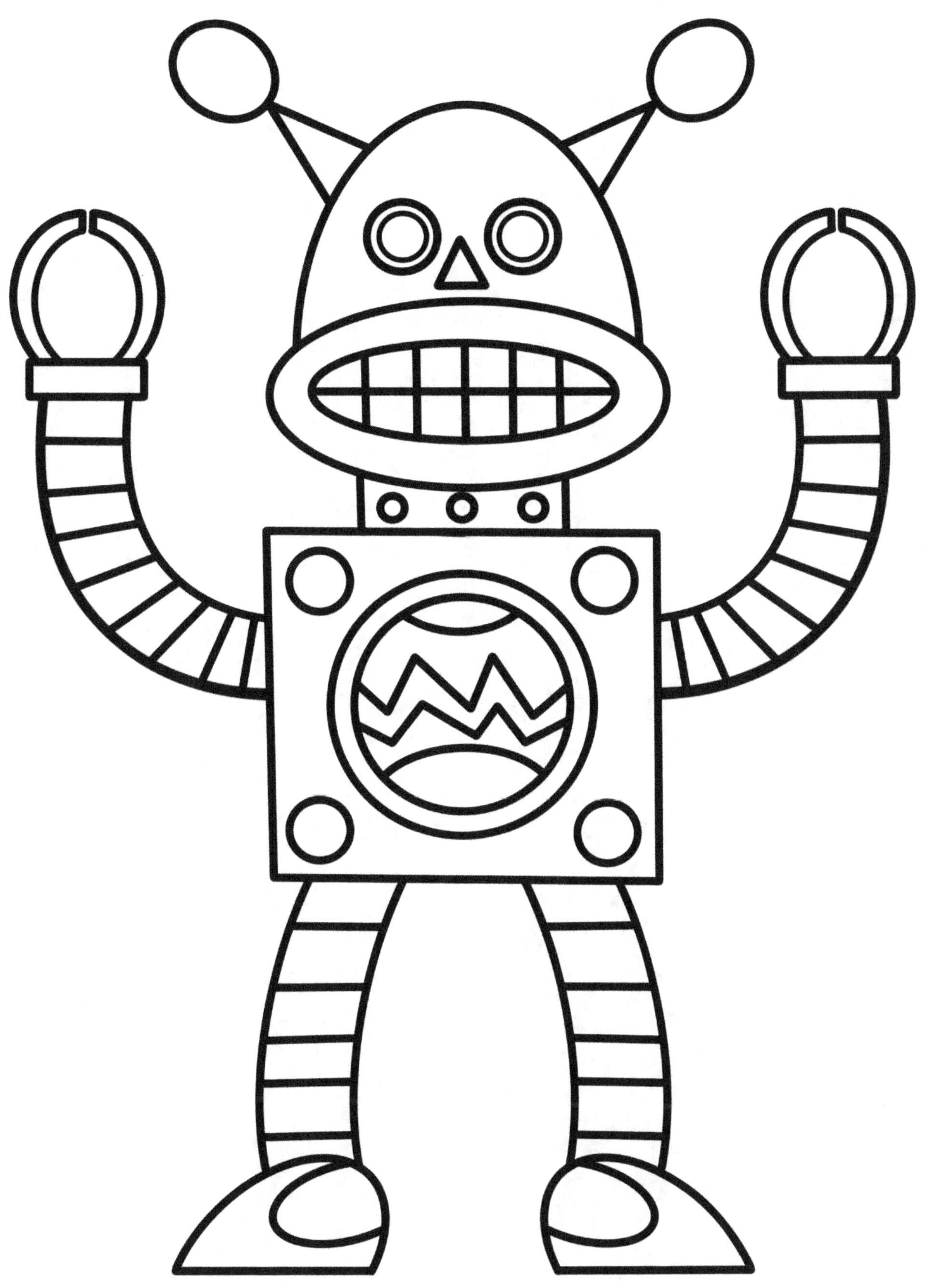

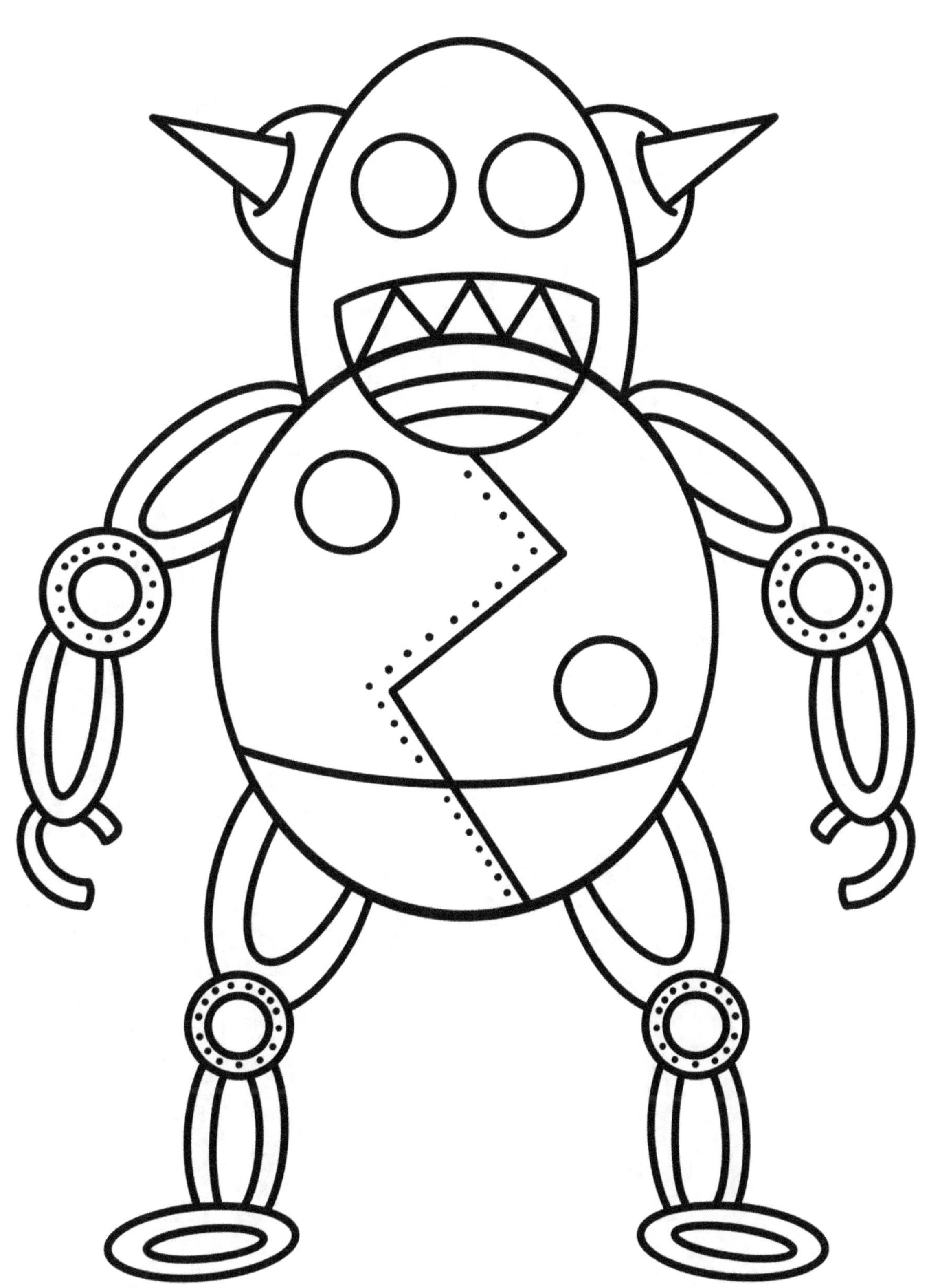

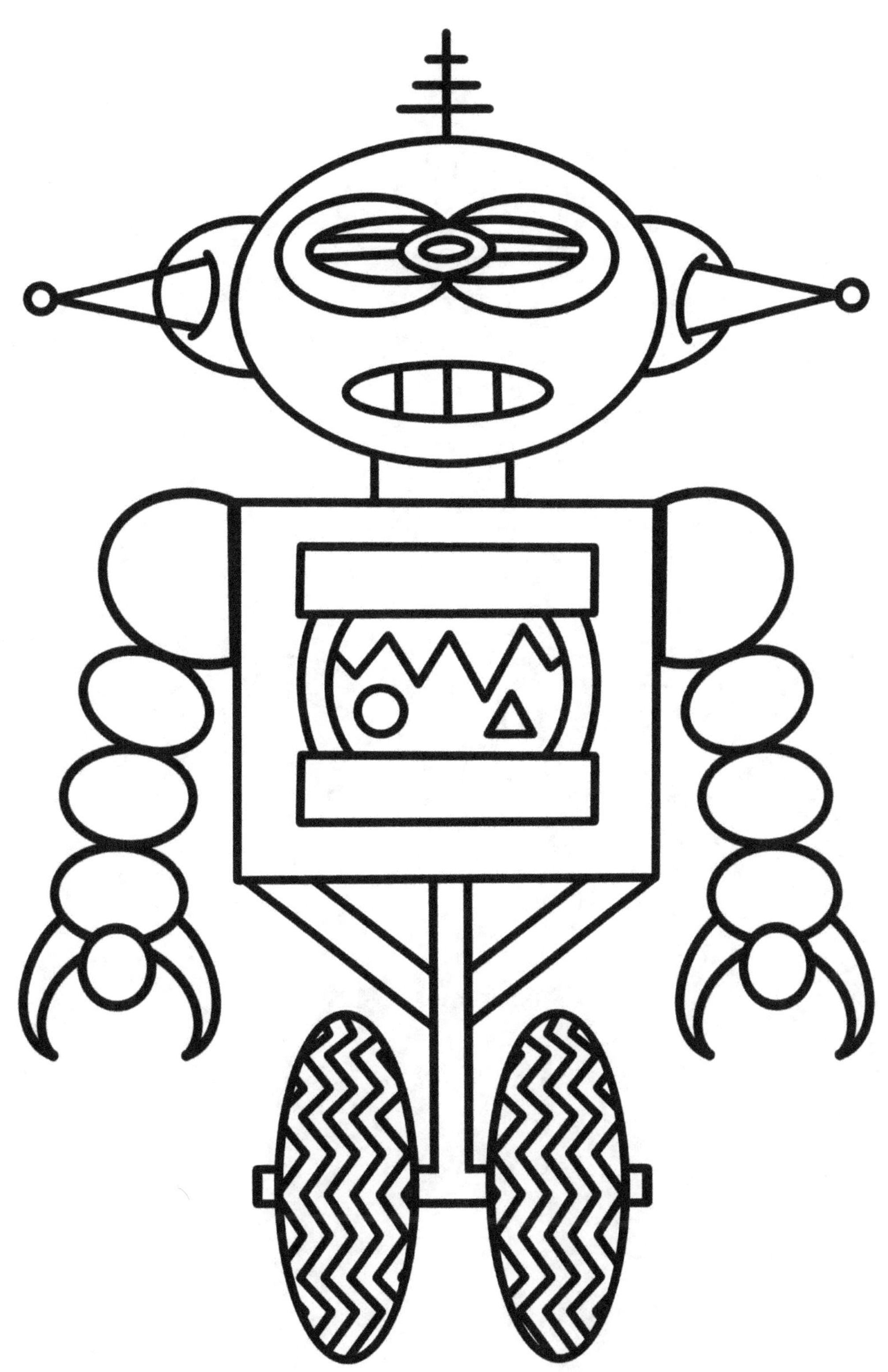

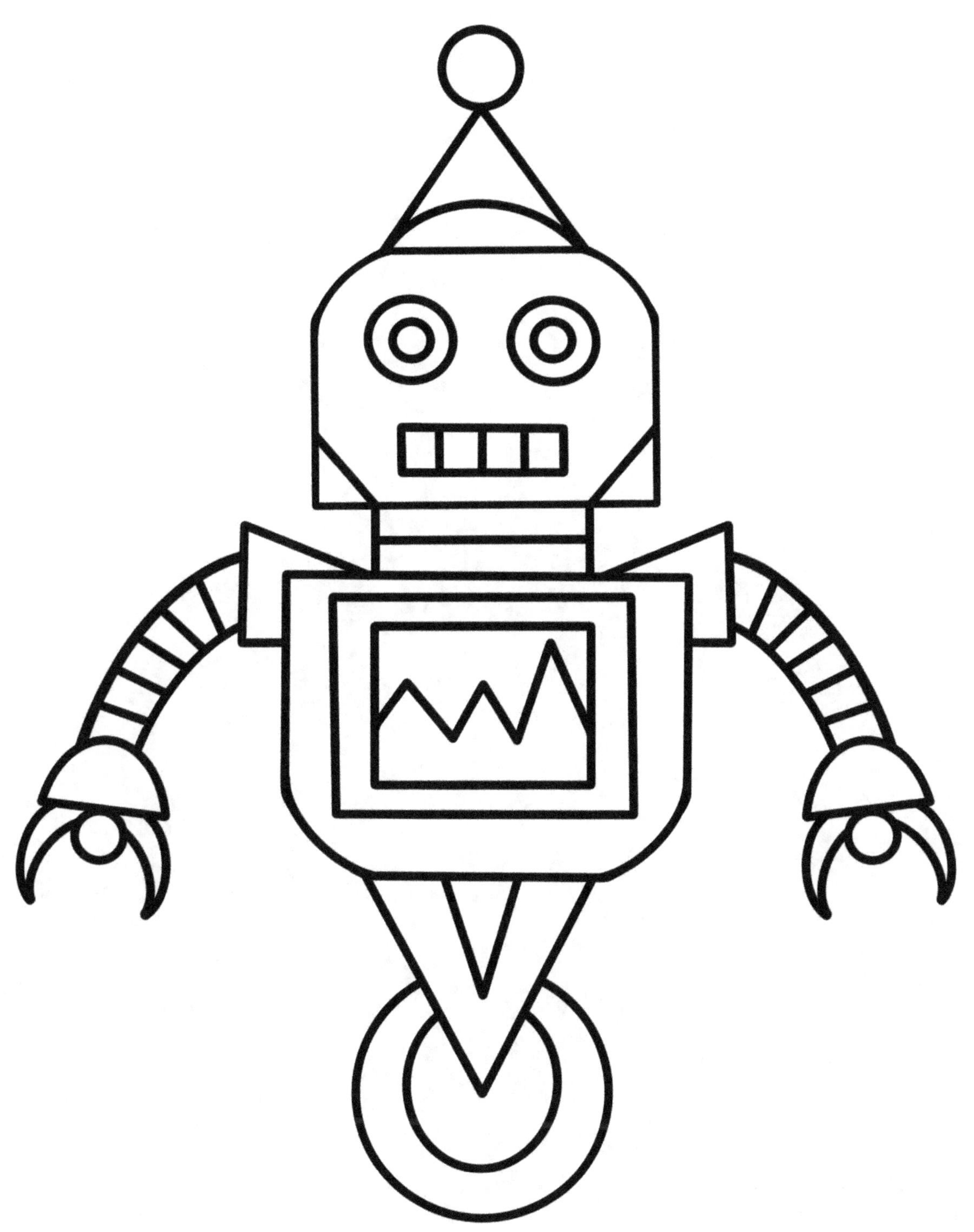

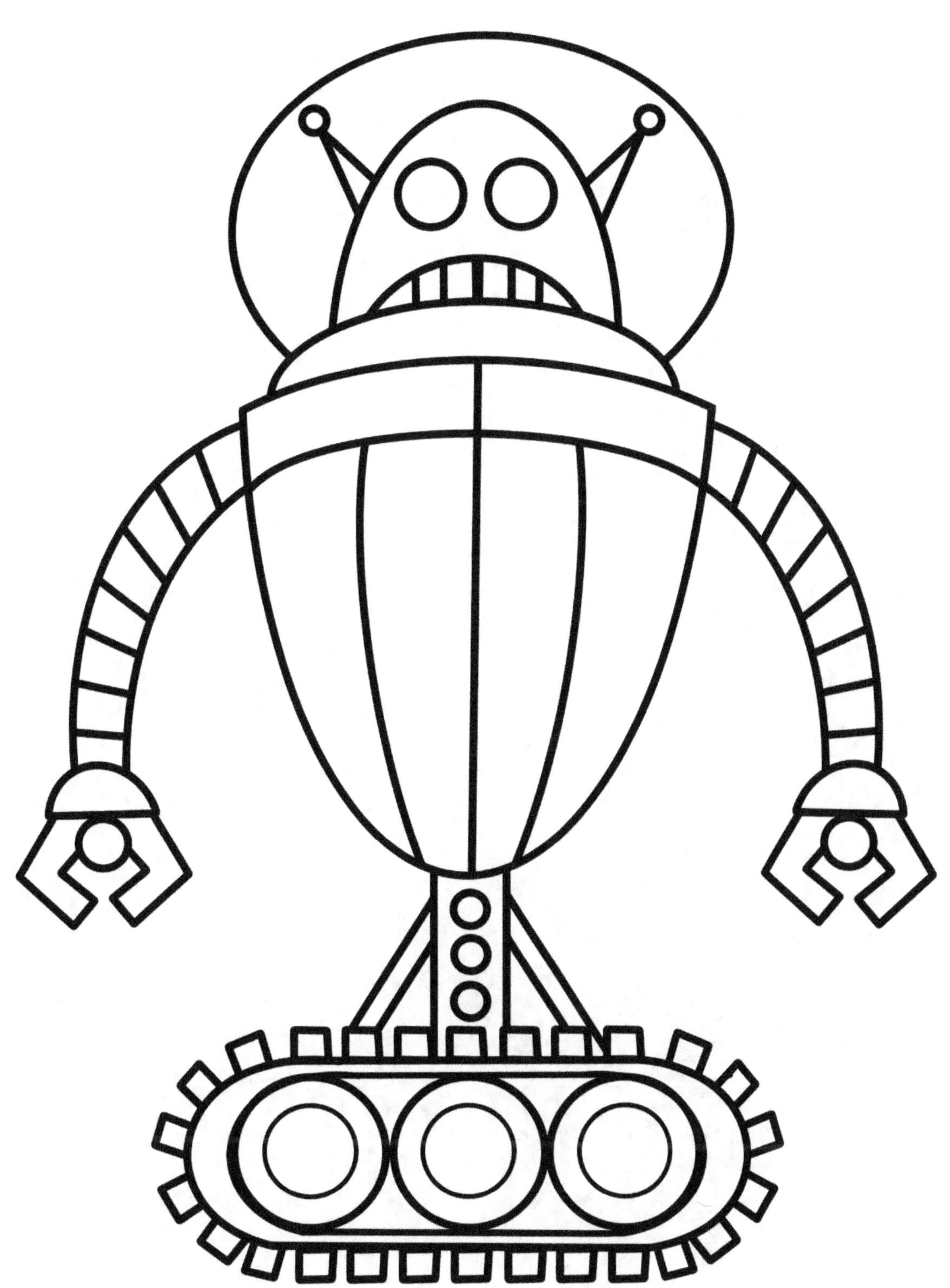

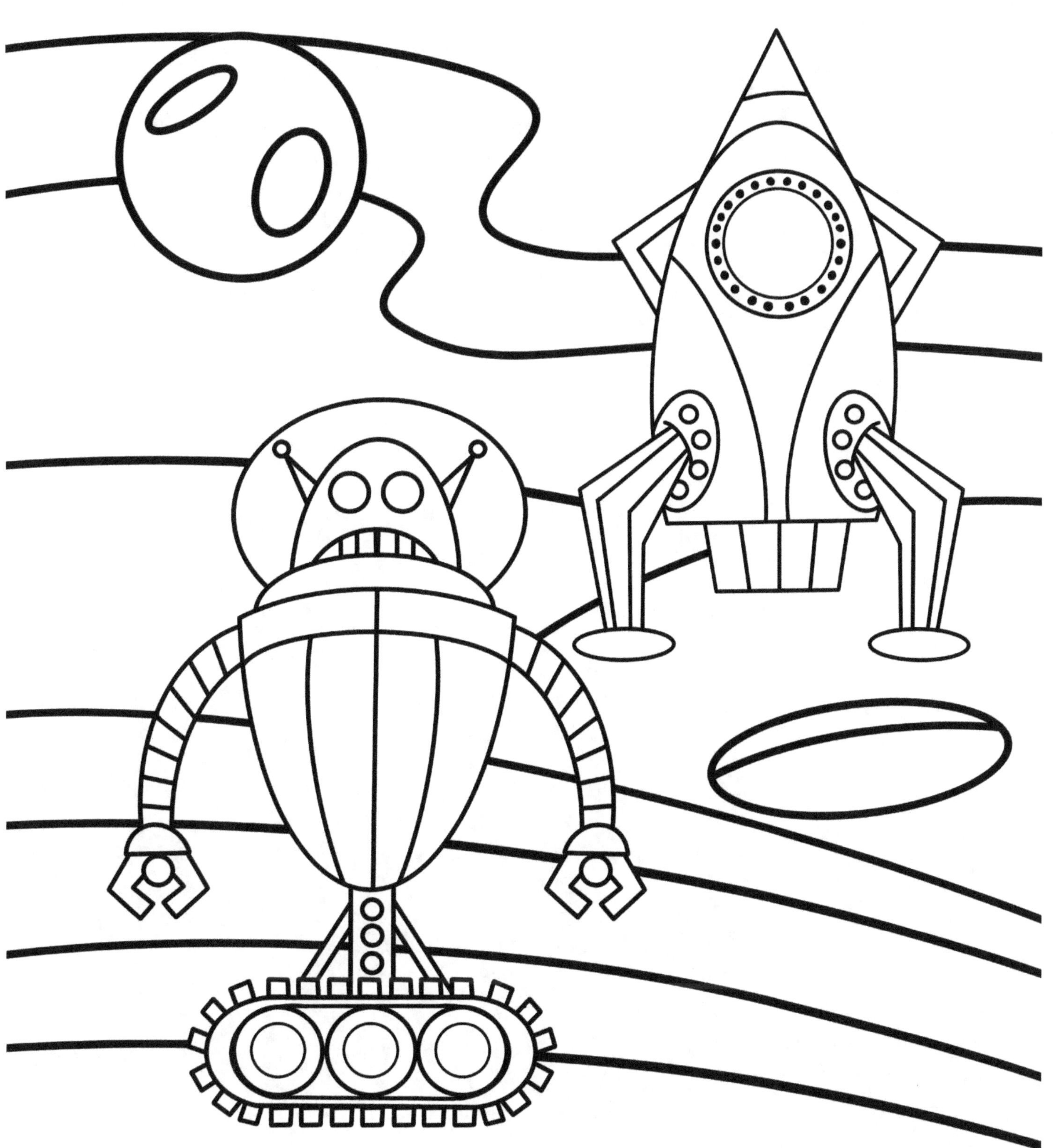

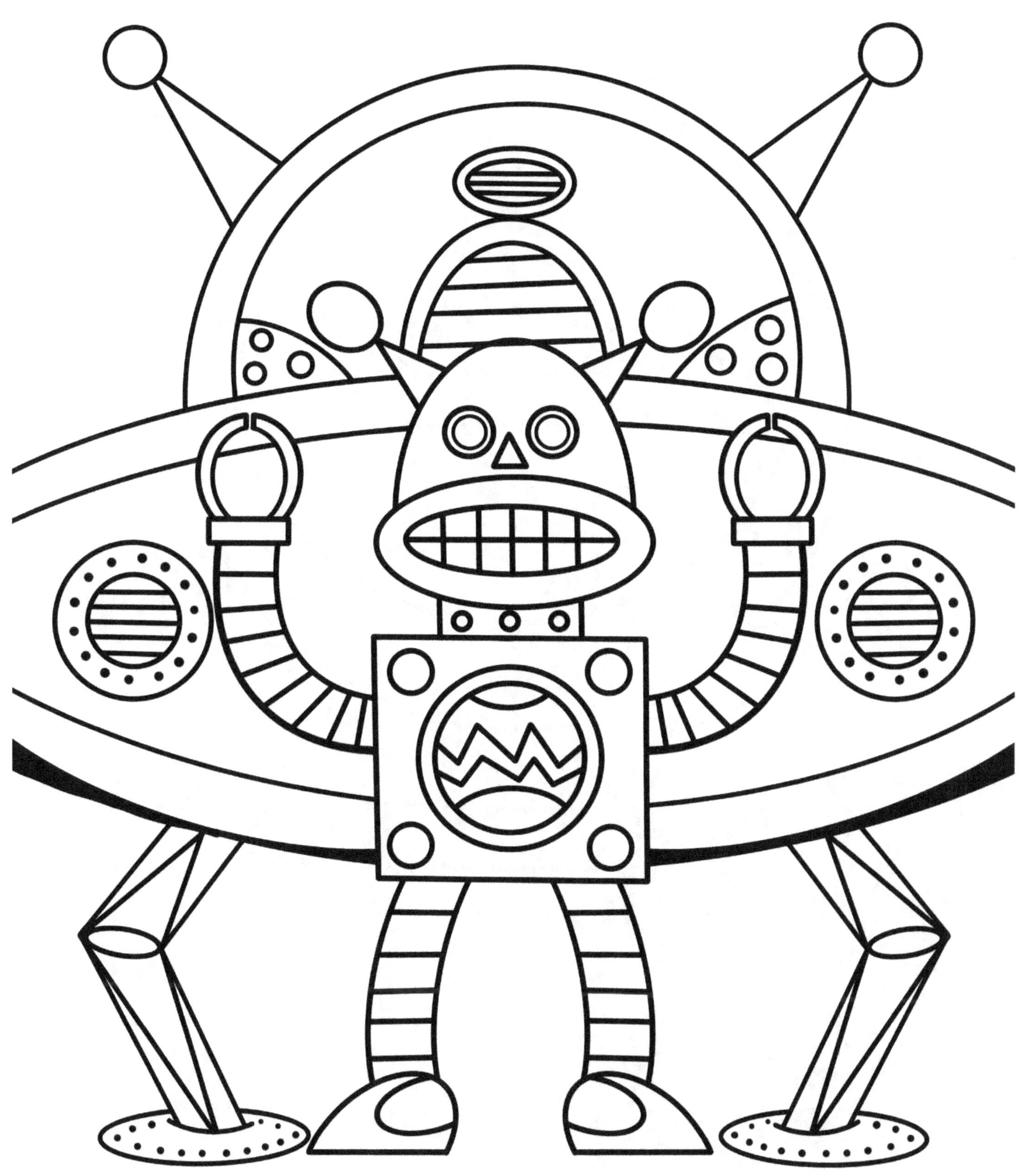

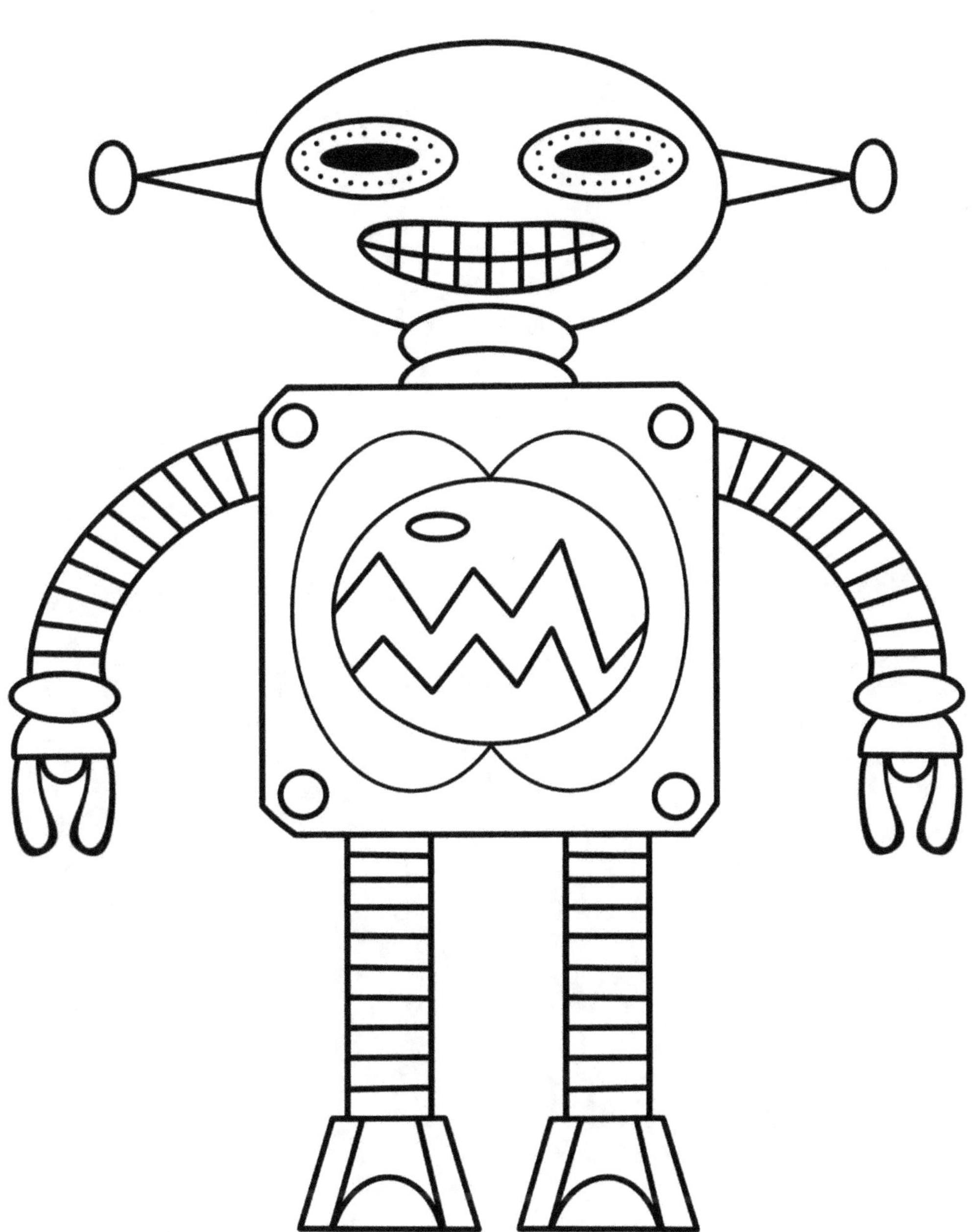

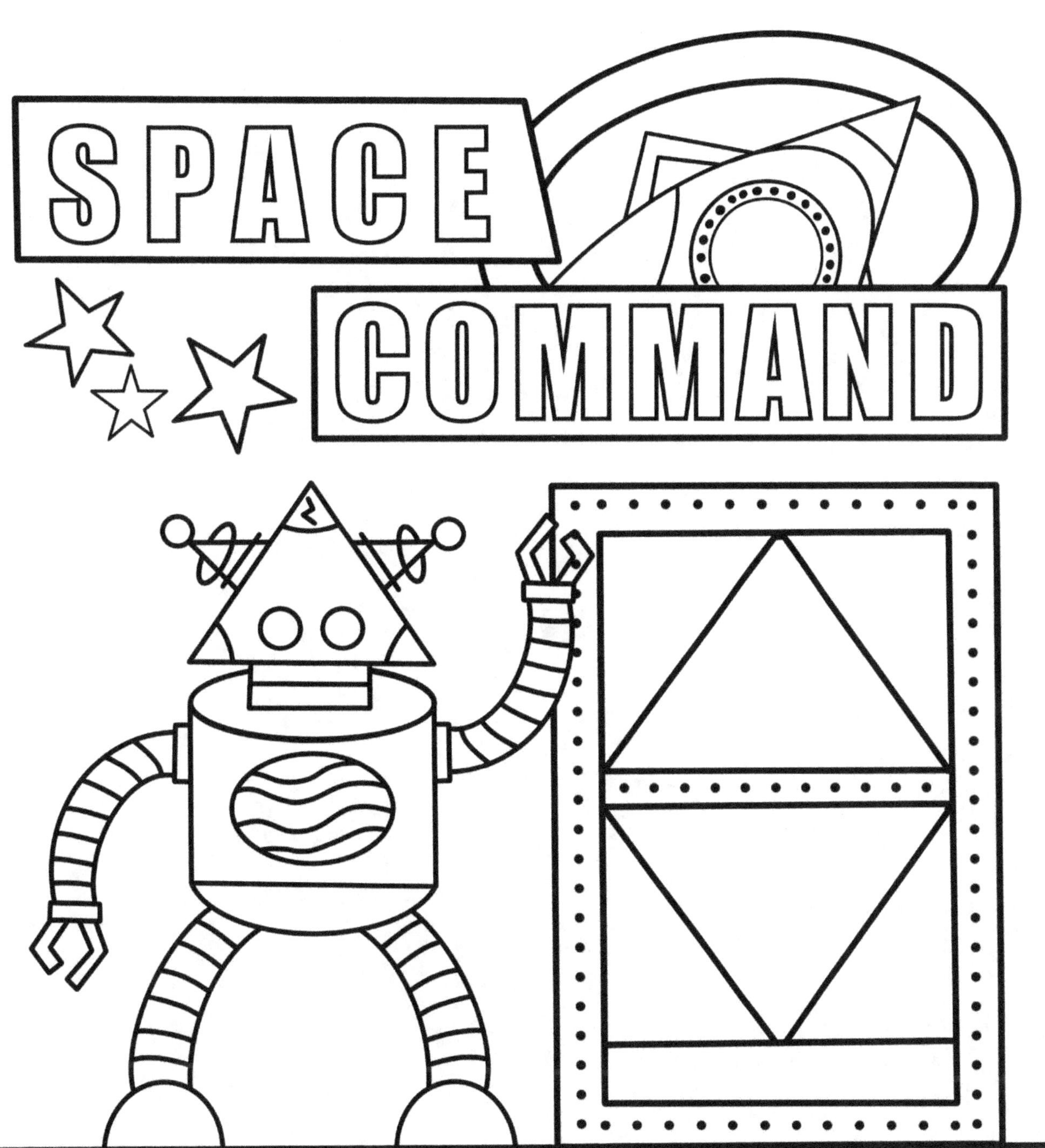

SPACE
COMMAND

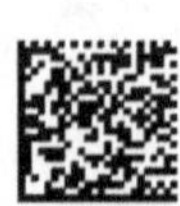